Einführung.

Die Enzyklopädie der Rechts- und Staatswissenschaft ist in erster Linie der studierenden Jugend gewidmet. In knappster Form will sie den an den Universitäten vorgetragenen Lehrstoff vorführen, eine Übersicht bieten und zum Arbeiten anleiten. Aber sie will dem Studierenden auch zeigen, daß er eine Kunst und kein Handwerk erlernt; daß „Lernen“ hier heißt: die ganze Person einsetzen, nachdenken und an Hand der überall angeführten Hilfsmittel weiterdenken, was andere gedacht haben. Vielleicht ist die Enzyklopädie aber auch dem Fertigen willkommen, der aus der Arbeit des Tages heraus einmal wieder das Ganze, wie es heute sich darstellt, überschauen möchte; vielleicht auch dem Nichtfachmann, den Neigung oder Beruf an Fragen der Rechts- oder Staatswissenschaften heranführen. Beides wenigstens ist unser Wunsch. Die Vorarbeiten zu dem Unternehmen, das zunächst als Fortführung von Birkmeyers Enzyklopädie geplant war, waren bereits im Sommer 1914 abgeschlossen. Der Krieg gebot einen Aufschub und seine Folgen stellten das Zustandekommen zeitweilig überhaupt in Frage. Dem Mut der Verlagsbuchhandlung ist es zu danken, daß der Abschluß gelungen ist. Freilich, vieles hat sich auch für uns geändert. So fehlt der Name dessen, der 1914 mit an die Spitze getreten war und bis zu seinem Tode das Unternehmen betreut hat: der Name von Franz von Liszt. Möge es den Herausgebern gelungen sein, das Werk in seinem Geiste fortzuführen!

Die Herausgeber.

ENZYKLOPÄDIE DER RECHTS- UND STAATSWISSENSCHAFT

HERAUSGEGEBEN VON

E. KOHLRAUSCH · W. KASKEL · A. SPIETHOFF

ABTEILUNG RECHTSWISSENSCHAFT

HERAUSGEGEBEN VON

DR. EDUARD KOHLRAUSCH
PROFESSOR AN DER UNIVERSITÄT
BERLIN

DR. WALTER KASKEL
PROFESSOR AN DER UNIVERSITÄT
BERLIN

X

BÜRGERLICHES RECHT
FAMILIENRECHT

VON

DR. HEINRICH MITTEIS
PROFESSOR AN DER UNIVERSITÄT
KÖLN

SPRINGER-VERLAG BERLIN HEIDELBERG GMBH 1923

BÜRGERLICHES RECHT
FAMILIENRECHT

VON

DR. HEINRICH MITTEIS
PROFESSOR AN DER UNIVERSITÄT
KÖLN

SPRINGER-VERLAG BERLIN HEIDELBERG GMBH 1923

ISBN 978-3-642-93803-0 ISBN 978-3-642-94203-7 (eBook)
DOI 10.1007/978-3-642-94203-7

Inhaltsverzeichnis.

Einleitung.

Erstes Kapitel.

Die Ehe.

Zweites Kapitel.

Eltern und Kinder.

Drittes Kapitel.

Die Vormundschaft.

Vorbemerkung.

Das Familienrecht hatte ursprünglich mein Vater, der am 26. Dezember 1921 verstorbene Geh. Rat Prof. Dr. Ludwig Mitteis in Leipzig übernommen. Der ehrenden Aufforderung des Verlages und der Herausgeber, an seine Stelle zu treten, bin ich gerne nachgekommen. Um allen Zweifeln vorzubeugen, erkläre ich, daß ein irgendwie verwendbares Manuskript im Nachlasse meines Vaters nicht aufgefunden wurde. Mein Beitrag stellt also eine selbständige Bearbeitung des Familienrechtes dar.

Heinrich Mitteis.

Einleitung.

§ 1. Begriff und Wesen des Familienrechts.

I. Das Familienrecht (FR.) ist vom BGB. in seinem vierten Buche geregelt worden. Seine systematische Zusammengehörigkeit mit dem Personenrecht, seine ungeheure soziale Bedeutung hätten freilich eine Behandlung vor dem Vermögensrecht gefordert, wie sie in älteren Gesetzen schon vorgebildet war. Das FR. liefert die Normen für die wichtigsten Tatbestände des Volks- und Einzellebens; in ihm erhebt sich das Privatrecht zu seiner größten sittlichen Höhe und berührt sich am nächsten mit tief eingewurzelten Vorstellungen ethischer und religiöser Prägung. Schon dadurch ist der vom Vermögensrecht völlig abweichende Charakter des FR. bestimmt, der sich äußert in der fast durchweg zwingenden Natur seiner Vorschriften und der Formgebundenheit seiner Rechtsgeschäfte. Aber es wäre völlig verfehlt, dem FR. die Zugehörigkeit zum Privatrecht gänzlich absprechen zu wollen. Nicht nur die Allgemeinheit, auch der einzelne hat das stärkste Interesse an der Aufrechterhaltung der gegenwärtigen FRordnung als einer Ordnung des Privatrechts. Eine „Sozialisierung“ des FR. würde den Rückfall in längst überwundene Lebensformen primitiver Völker und den größten Kulturrückschritt der Menschheit bedeuten.

II. Wegen seiner großen überindividuellen Bedeutung war das FR. seit je der Kampfplatz gegensätzlicher Weltanschauungen. Schon seit dem frühen Mittelalter beansprucht die katholische Kirche das Eherecht als ihre Domäne, und in jahrhundertelangem Vordringen mußte sich der Staat Schritt für Schritt das Feld erobern. Noch heute sind die Spuren des Kampfes noch nicht ganz getilgt und geben dem FR. stellenweise den Charakter eines Kompromisses. Viel später erst setzte eine zweite Kampfwelle ein, die sich an die Frauenbewegung und den Gedanken der Gleichberechtigung der Geschlechter knüpft. Die Linie steigt unverkennbar an von der auf körperlicher Überlegenheit beruhenden Alleinherrschaft des Mannes zu der eines Kulturvolks allein würdigen Parität und doch stehen wir erst mitten in der Entwicklung und bedeutet das BGB. für unser Empfinden schon eine überwundene Stufe, über die hinaus zu der in Art. 119 der Reichsverfassung programmatisch verkündeten Gleichstellung[1]) der Frau vorgeschritten werden muß.

III. Der Inhalt des FR. ist nicht logisch, sondern nur historisch faßbar. Seine drei Hauptteile: Eherecht, Verwandtschafts- und Vormundschaftsrecht sind Abspaltungen eines ehemals einheitlichen Begriffs der Munt, manus. Seit je gewährte bei den Germanen die Stellung des Familienoberhaupts ein absolutes Herrschaftsrecht, das als Herrschaft über Personen bereits im Gegensatz zur sachenrechtlichen Gewalt (Gewere an Sachen) erscheint, und zwar als Munt über die Ehefrau, über die Kinder und über sonstige schutzbedürftige Personen. Heute gehören die FR.e auch noch in die Kategorie der absoluten oder Herrschaftsrechte; im übrigen aber ist jeder der drei Teile seinen eignen Weg gegangen. Die Ehe beruht heute auf einem Vertragsverhältnis, auf gegenseitiger Hingabe zu völliger Lebensgemeinschaft; hier erscheint der alte Muntbegriff abgeschwächt, vergeistigt, aufgegangen im Gemein-

---

[1]) Viel zu weitgehend Kröger in DJZ. 1922 S. 601. Dagegen Kipp ebda S. 682.

schaftsgedanken; die Kindschaft ist ein Teil der Verwandtschaft, ein Zwangsverhältnis, in das man hineingeboren wird, aber heute kein rein nur der elterlichen Autorität dienendes einseitiges Gewaltverhältnis mehr; die Vormundschaft endlich hängt mit der Familie nur noch durch lose Fäden zusammen; der Vormund ist öffentlicher Funktionär in amtsähnlicher Stellung, und die ihm geltenden Normen gleiten vor unsern Augen mehr und mehr ins Verwaltungsrecht hinüber. So läßt sich das FR. nur beschreiben als der äußerlich zusammengefaßte Komplex von Normen über Ehe, Verwandtschaft und Vormundschaft.

IV. Auch gesetzpolitisch bietet die Gestaltung des FR. die denkbar größten Schwierigkeiten. Die Redaktoren des BGB., die mit Recht das pathetische Moralisieren älterer Gesetze vermeiden wollten, sind in das entgegengesetzte Extrem einer allzu formaljuristischen, überspitzen und kleinlich-nüchternen Regelung verfallen. Es fehlt der Geist des Vertrauens, der gerade zwischen Ehegatten, zwischen Eltern und Kindern herrschen sollte, es fehlt der Hauch echter Menschlichkeit, der z. B. im Schweizer ZGB. als leiser Unterton mitklingt. So hat man dem BGB. nicht ganz mit Unrecht vorgeworfen, es sei unvolkstümlich und gehe nicht von der gesunden, sondern von der zerrütteten Ehe aus; Kritik und Reformvorschläge haben hier ein besonders dankbares Betätigungsfeld gefunden.

V. Aber das FR. regelt nicht nur die persönliche Seite der Familienverhältnisse, sondern auch ihre vermögensrechtlichen Auswirkungen. So steht neben dem „reinen“ FR. das Familiengüterrecht, vor allem das Recht der elterlichen und ehemännlichen Vermögensverwaltung. Dieses gehört an sich ins Vermögensrecht, und es gelten in ihm die gewöhnlichen schuld- und sachenrechtlichen Normen, wenn auch stets abgewandelt durch den besonderen familienrechtlichen Zweck. Insbesondere ist hier im Gegensatz zum reinen FR. der Vertragsfreiheit ein gewisser Spielraum gelassen (Näheres unten § 10).

VI. Die Regelung des FR. durch das BGB. ist im großen ganzen erschöpfend. Als wichtige reichsrechtliche Quellen kommen daneben noch in Betracht das Personenstandsgesetz vom 6. 2. 1875, der Bahnbrecher auf dem Wege zur obligatorischen Zivilehe[1]), für das formelle Recht vor allem die ZPO., die einen eigenen Prozeß in Ehe- und Statussachen normiert (§§ 606ff.), und ihre Nebengesetze. Dem Landesrecht räumt das EGBGB. verschiedene Vorbehalte ein, die aber z. T. durch Einbeziehung ins Reichsrecht hinfällig geworden sind, z. B. betr. die religiöse Kindererziehung (EG. § 134, bisher 31 verschiedene Rechte in Deutschland, jetzt RGes. vom 15. 7. 1921), betr. die Berufsvormundschaft und Fürsorgeerziehung, Art. 135, 136, die jetzt im Reichsjugendwohlfahrtsgesetz (RJWG.) vom 9. 7. 1922 mit Geltung vom 1. April 1924 an geregelt sind. Die bisherigen Familienrechtsvorbehalte für den Hochadel sind aufgehoben, in Preußen durch Gesetz vom 23. 6. 1920. Die Regelung des internationalen Privatrechts auf dem Gebiete des FR. ist erfolgt durch EGBGB. §§ 13ff. und die es teilweise abändernden drei Haager Konventionen von 1902 bzw. 1905; vgl. aber Art. 282 des Versailler Vertrages.

VII. Wichtigste Literatur. 1. Lehrbücher: ENNECCERUS-KIPP-WOLFF, 4. Bearb., 1923 (führend); COSACK, 6. A., 1913 (teilw. etwas subjektiv); CROME, System IV, 1908; DERNBURG, IV, 1908 (großzügig u. warmherzig); ENDEMANN, II 2, 1908 (stoffreich u. originell). KOHLER III 1915 (für Geübtere höchst anregend); 2. Kommentare: PLANCK-UNZNER, 3. A., 1906; STAUDINGER-ENGELMANN, 7/8. A., 1913 (in der Praxis führend); A. B. SCHMIDT-FUCHS 1907/09; OPET-V. BLUME 1902/06; GOLDMANN-LILIENTHAL-STERNBERG 1922 (freier Kommentar, praktisch brauchbar). Kommentar der Reichsgerichtsräte, III, 3. Aufl. 1921. 3. Einzelschriften: WIERUSZOWSKI, Handbuch des Eherechts m. Ausn. d. Eheschließungs- u. Ehescheidungsrechts, 1909; NEUSTADT, krit. Studien z. FR, 1907; MARIANNE WEBER, Ehefrau und Mutter in der Rechtsentwicklung, 1907.

[1]) Dazu Komm. von SARTORIUS, 1902, HINSCHIUS-BOSCHAN, 1909 und KRÜCKE, Privatrechtl. Nebengesetze im Deutschen Reich, 1922, S. 62ff.

§ 2. Verwandtschaft und Schwägerschaft.

Das BGB. behandelt die beiden Begriffe in §§ 1589ff.; da sie aber für das ganze FR. grundlegend sind und schon in der Lehre von den Ehehindernissen vorausgesetzt werden, mögen sie vorweg erörtert werden.

I. Verwandtschaft besteht zwischen Personen, deren eine von der andern abstammt (V. in gerader Linie, § 1589 I) oder die gemeinsam von einer dritten Person abstammen (V. in der Seitenlinie, § 1589 I 2). Die letztere kann wieder eine vollbürtige sein (bei Abstammung von demselben Elternpaar) oder eine halbbürtige, wenn die Abkömmlinge nur einen Elternteil gemeinsam haben. Den Grad der Verwandtschaft bestimmt die Zahl der sie vermittelnden Geburten, § 1589 I 3. So sind Geschwister im 2. Grade der Seitenlinie verwandt, Onkel und Neffe im dritten, Geschwisterkinder im vierten usw. Das BGB. steht also auf dem Boden der Blutsverwandschaft; solange die Verwandtschaft durch Ehe vermittelt wird, ist der alte Gegensatz von Agnaten und Kognaten bedeutungslos. Anders beim unehelichen Kind: dieses ist nicht mit dem Erzeuger, nur mit der Mutter verwandt, § 1589 II (sog. einseitige Verwandtschaftszurechnung, vgl. unten § 18).

II. Die Verwandtschaft ist im Recht mannigfach von Bedeutung; so vor allem für das Verwandtenerbrecht, §§ 1924ff., ferner für die Ehehindernisse (unten § 6 II) für die Vormundschaft (unten § 21), ferner im Prozesse (Zeugnisverweigerungsrecht, Eidesunfähigkeit, Ausschließung von Gerichtspersonen, ZPO. §§ 41, 49, 383, 393; StPO. §§ 22, 31, 51, 54, 57); im Strafrecht, StGB. §§ 54, 257 II usw. Im FR. des BGB. speziell geregelt und daher in Kürze hier zu besprechen ist die Unterhaltspflicht, soweit sie auf Verwandtschaft beruht.

1. Unterhaltspflichtig sind einander nur Verwandte in gerader Linie, § 1601, also nicht wie in früheren Rechten Geschwister (wohl aber nach anderen Vorschriften der Ehegatte, § 1360, der uneheliche Vater, §§ 1708ff.), und zwar ist die Unterhaltspflicht das Korrelat des gesetzlichen Erbrechts, daher sind die Deszendenten vor den Aszendenten verpflichtet, § 1606 I, die näheren Deszendenten vor den entfernteren, § 1606 II. Mehrere Pflichtige haften anteilig, Deszendenten nach dem Verhältnis ihrer gesetzlichen Erbteile § 1606 I 2, Azsendenten zu gleichen Teilen § 1606 II, der Vater in der Regel vor der Mutter, § 1606 II 2, der Ehegatte vor ihnen allen, § 1608.

2. Die Unterhaltspflicht setzt voraus, daß der Berechtigte bedürftig, d. h. außerstande ist, sich selbst zu unterhalten, also weder Vermögen noch Einkommen hat, § 1602, und daß der Verpflichtete leistungsfähig ist, d. h. trotz Erfüllung der Unterhaltspflicht noch seine übrigen Schulden verzinsen und planmäßig abtragen kann[1]), ohne seinen eignen standesgemäßen Unterhalt zu gefährden, § 1603 I. Minderjährige unverheiratete Kinder sind jedoch bei Bemessung der Bedürftigkeit wie auch der Leistungsfähigkeit privilegiert, §§ 1602 II, 1603 II.

3. Der Unterhalt umfaßt den gesamten Lebensbedarf, § 1610 II, leibliche wie geistige Nahrung, und zwar in der Regel den nach dem Stande des Bedürftigen zu auskömmlichem Leben erforderlichen, den „standesgemäßen", § 1610 I; nur notdürftigen Unterhalt kann verlangen, wer durch eigenes sittliches Verschulden bedürftig geworden ist oder einen Pflichtteilsentziehungsgrund gegeben hat, § 1611. Der Unterhalt ist in der Regel in Geld vierteljährlich im voraus zu gewähren[2]), §§ 1612, 760[3]). Der Unterhaltsanspruch ist unpfändbar, ZPO. § 850 Z. 2; unverpfändbar,

---

[1]) Vgl. RG. in JW. 1910, S. 16.

[2]) Eine Vorausleistung für länger als drei Monate befreit bei eintretender Bedürftigkeit nicht, § 1614 I. Über die Erhöhung von Rentenansprüchen wegen der Geldentwertung vgl. jetzt ZPO. § 323 IV (Nov. v. 13. 8. 1919), dazu RG. in JW. 1921, S. 1080, Heinsheimer ebenda, Czolbe, Leipz. Zschr. 21, 364. S. auch unten § 19. S. 53, Anm. 1.

[3]) Zuständig sind für Unterhaltsansprüche aus Verwandtschaft und Ehe seit Nov. z. GVG v. 11. 3. 1921 die Amtsgerichte.

§ 1274; unabtretbar, § 400; unaufrechenbar, § 394; im Konkurse nicht anmeldbar, KO. § 3, passiv und aktiv als solcher unvererblich, § 1615; für die Zukunft nicht verzichtbar, § 1614; wohl aber für die Vergangenheit, in praeteritum non vivitur, § 1613.

III. Verschwägert ist der Ehegatte (nicht auch seine Verwandten) mit den Verwandten des andern Ehegatten, § 1590. So der Mann mit dem Vater, Bruder, unehelichem Kinde der Frau in demselben Grade, in dem sie mit ihnen verwandt ist, und zwar überdauert die Schwägerschaft die Ehe, § 1590 II. Die Bedeutung der Schwägerschaft liegt im Ehehindernis, § 1310; im Vormundschaftsrecht, § 1847, Prozeß- und Strafrecht. Unterhaltspflicht und gesetzliches Erbrecht zwischen Verschwägerten bestehen nicht.

Erstes Kapitel.

Die Ehe.

I. Persönliches Eherecht.

§ 3. Wesen der Ehe.

I. Mit Recht hat das BGB. eine Definition des Wesens der Ehe unterlassen; denn verbindliche Vorschriften darüber werden sich in einem Gesetze nie aufstellen lassen. Immerhin kann man sagen, daß dem Geiste des heutigen Eherechts ein sittliches Idealbild der Ehe entspricht, wonach sie sich darstellt als ein Treubund zweier Menschen verschiedenen Geschlechts zur Herstellung vollster Lebensgemeinschaft. Die Eheschließung selbst erfolgt durch einen auf Herstellung dieser Gemeinschaft gerichteten, formgültig geschlossenen Vertrag; er hat den Eintritt der Lebensgemeinschaft zur notwendigen, unabdingbaren Folge. Jeder entgegengesetzte Wille der Parteien, etwa die Absicht, die Ehe nur zum Zwecke der Erlangung des Namens, der Staatsangehörigkeit, der Versorgung, der Legitimation eines Kindes zu schließen, ist unbeachtlich. Eine ganz andere Frage ist, inwieweit das Recht zur Verwirklichung dieses Ehezwecks seine Machtmittel zur Verfügung stellt oder überhaupt die Möglichkeit seiner Erreichung in Betracht zieht. Auch die „Josephsehe“ ist heute eine vollgültige Ehe; die Fortpflanzung ist kein notwendiger Ehezweck mehr[1]).

II. Das BGB. steht mit vollster Konsequenz auf dem Standpunkt der obligatorischen Zivilehe. Eine nur vor dem Geistlichen geschlossene Ehe ist keine Ehe vor dem Gesetz. Das ist der Endpunkt einer jahrhundertelangen Reaktion des Staates gegen die Überspannung der kirchlichen Ansprüche auf Übung der Ehegesetzgebung und Ehegerichtsbarkeit. Die einzelnen Phasen dieses Kampfes, der, unterstützt durch Reformation, Aufklärung, französische Revolution, über die Vorstufen der Notzivilehe und fakultativen Zivilehe zur obligatorischen Zivilehe führte, können hier nicht geschildert werden. Noch heute ist das Pendel noch nicht völlig zur Ruhe gekommen: ja, das Eheschließungsrecht des BGB. stellt wieder eine Annäherung an den kirchlichen Standpunkt dar, indem es die unnötigen Spitzen vermeidet, die das aus dem Geiste des Kulturkampfes geborene PStG. von 1875 gegen die Kirche richtete. Dort war die obligatorische Zivilehe für das ganze Reich als Norm aufgestellt worden, und zwar sollte der entscheidende Akt liegen in der Trauung durch den Standesbeamten, in seiner unumgänglich notwendigen konstitutiven Erklärung, „daß er die Eheleute nunmehr kraft des Gesetzes für rechtmäßig verbundene Eheleute erkläre“. In dieser Trauformel hatte der Zusammenspruch des

[1]) So noch Preuß. Allg. Ldr. II 1, § 1. Der Gedanke klingt nach in RG. 94, 125; JW. 1922, S. 162.

protestantischen Geistlichen den Sieg über die katholische Auffassung davongetragen, wonach die Ehe ein von den Eheleuten einander gespendetes Sakrament darstellt. Im Gegensatz zum PStG. verlegt das BGB. den konstitutiven Akt der Eheschließung in die vor dem Standesbeamten abzugebende Erklärung der Verlobten, die Ehe miteinander eingehen zu wollen, § 1317, während der Standesbeamte mit seinem deklaratorischen, nur durch eine Sollvorschrift gebotenen Ausspruch, daß die Verlobten nunmehr kraft Gesetzes rechtmäßig verbundene Eheleute seien, nur noch die von den Verlobten vollzogene Selbsttrauung feststellt. Damit hat der Staat seinen Standpunkt gewahrt und doch das Gefühlsleben der katholischen Bevölkerung geschont[1]). Ferner ist eine reinliche Abgrenzung der staatlichen von der kirchlichen Zuständigkeit auch schon zu erblicken in der Überschrift des 1. Abschnitts des 4. Buches: „Bürgerliche Ehe", und endlich in dem berühmten, dem „Kaiserparagraphen" 82 des PStG. entsprechenden § 1588, der freilich nur eine „Höflichkeitsformel" gegenüber der Kirche darstellt. Allerdings kann auch für das bürgerliche Recht die Verweigerung der kirchlichen Trauung Bedeutung gewinnen als Grund zur Verweigerung der ehelichen Lebensgemeinschaft (§ 1353 II) und gegebenenfalls als Eheanfechtungsgrund (§§ 1333, 1334).

§ 4. Verlöbnis.

I. Das frühere deutsche Recht zerlegte die Eheschließung in zwei meist zeitlich und räumlich getrennte Akte: die Verlobung, bei der die Bedingungen festgesetzt und der Kaufpreis für die Munt über die Frau entrichtet wurden, und die Trauung, traditio, Übergabe der Braut. Noch bis ins heutige Recht hat sich diese Zweiteilung erhalten, freilich in ganz veränderter Bedeutung. Das Verlöbnis ist heute kein Teil der Eheschließung mehr, der Brautstand ist keine „Vorehe" (so irreführend Kohler, Lehrb., S. 37), Verlöbnisbruch kein Ehebruch. Das Verlöbnis ist heute nur noch ein Vorvertrag zur Eheschließung mit teils schuld-, teils personenrechtlichen Wirkungen. Zunächst entsteht aus dem Verlöbnis ein Anspruch auf Eingehung der Ehe[2]). Allerdings ist eine klageweise Durchsetzung dieses Anspruchs ausgeschlossen, weil sie unserm sittlichen Empfinden widersprechen würde, und auch eine Vertragsstrafe kann nicht gültig ausbedungen werden, § 1297. Auch sonst sind die Bestimmungen über Verträge nur anwendbar, soweit das Verlöbnisrecht sie nicht ausschließt und sie seiner Eigenart nicht widersprechen. Aber neben dieser Wirkung in die Zukunft stehen Gegenwartswirkungen des Verlöbnisses (RG. Bd. 59, S. 103): Es erzeugt eine rechtliche Annäherung der Verlobten (Zeugnisverweigerungsrecht, ZPO. §§ 383, 393, StPO. §§ 51, 57, erleichterter Erb- und Erbverzichtsvertrag §§ 2276, 2346, sie sind „Angehörige" im Sinne des StGB.).

II. Der Abschluß des Verlöbnisvertrages ist (leider) an keine Form gebunden, wodurch die Abgrenzung von der bloßen Liebschaft sehr erschwert ist. Eine Klage auf Feststellung des Bestehens des Verlöbnisses wäre indessen durch § 1297 nicht verboten. Die Parteien bedürfen, wie zu jedem Vertrage, der Geschäftsfähigkeit, beschränkt Geschäftsfähige des Vertreterkonsenses; doch würde eine strikte Anwendung der §§ 108ff. zu der Härte führen, daß eine konsenslos verlobte Minderjährige, wenn sie verlassen und entehrt wird, nicht einmal die Ansprüche aus Verlöbnisbruch

---

[1]) In diesen Zusammenhang gehört auch, daß PStG. § 67 den Religionsdiener ausnahmslos mit Strafe bedrohte, der ohne Nachweis der Zivilehe zur Trauung schritt, und seine Abmilderung durch EGBGB. § 46 (PStG. § 67 II), wonach in articulo mortis die Strafbarkeit wegfällt. Eine bürgerliche Ehe entsteht aber auch hier nicht.

[2]) Dies leugnet die „Tatsächlichkeitstheorie" (Kohler, Hellmann, Landsberg, Reichel, Henle u. a. m.), die sich aber richtet durch ihre Unvolkstümlichkeit und die Unmöglichkeit, die Folgen des Verlöbnisbruchs anders als nach Deliktsrecht zu erklären.

hätte[1]). Hinsichtlich der Willensmängel gelten die Vorschriften des allgemeinen Teils und nicht die Sonderregeln der Eheschließung; so ist ein simuliertes Verlöbnis, anders als die simulierte Eheschließung, nichtig und im Prozesse nicht zu beachten. Ebenso ist im Gegensatz zur Ehe jeder Irrtum, auch der über Vermögensverhältnisse, Anfechtungsgrund; freilich wird praktisch statt Anfechtung meist Rücktritt vom Verlöbnis gewählt werden. Das Bestehen von Ehehindernissen beeinträchtigt das Verlöbnis dann nicht, wenn sie beseitigt werden können[2]), z. B. durch Dispens, Zeitablauf, s. u. § 6.

III. Das Kernstück des Verlöbnisrechts ist die Lehre vom Rücktritt.

1. Dieser löst das Verlöbnis stets auf, mag er berechtigt sein oder unberechtigter Verlöbnisbruch. Berechtigt ist er, wenn er aus wichtigem Grunde erfolgt. § 1298 III. Wichtig ist ein Grund, der dem anderen Verlobten das Verharren beim Verlöbnis und die spätere Eheschließung objektiv unzumutbar macht, also z. B. Untreue, Verfehlungen gegen Angehörige, schwere Krankheit, Vermögensverfall. Ein Verschulden braucht den Rücktrittsgegner keineswegs zu treffen, und ebensowenig schadet es, wenn der Zurücktretende den wichtigen Grund schon bei der Verlobung kannte; das Rücktrittsrecht ist zugleich ein Reurecht.

2. Ist der Rücktritt unberechtigt, so erzeugt er einen Schadensersatzanspruch, § 1298 I, aber nicht wegen Nichterfüllung, da ja das Erfüllungsinteresse außerhalb aller Berechnung läge, sondern wegen getäuschten Vertrauens auf die Gültigkeit des Verlöbnisses (Gedanke des § 122). Erst recht ist der Verlöbnisbruch kein Delikt, er kann z. B. auch erfolgen, weil der Rücktretende die Überzeugung gewonnen hat, die Ehe werde nicht glücklich werden; das ist das moralisch wichtigste, aber kein wichtiger Grund im Sinne des Gesetzes (a. M. Kohler, Lehrb., S. 43).

3. Einem unberechtigten Rücktritt steht es gleich, wenn ein Verlobter dem andern einen wichtigen Rücktrittsgrund gibt, § 1299. Tritt z. B. die Braut zurück wegen Untreue des Bräutigams, so trifft diesen die Ersatzpflicht. Ebenso wohl wenn der eine Verlobte freiwillig aus wichtigem Grunde zurücktritt, nachdem er selbst schon einen Rücktrittsgrund gegeben hat, z. B. der Bräutigam tritt wegen einer Geschlechtskrankheit zurück, die er sich bei einer Untreue geholt hat; hier befreit ihn sein Rücktritt nicht von der Ersatzpflicht.

4. Verschieden ist der Kreis der ersatzberechtigten Personen und das Maß der Ersatzansprüche selbst. Am weitesten geht das Recht des verlassenen Verlobten; er kann nicht nur das unmittelbar Aufgewendete verlangen, sondern auch das, was er in Erwartung der Ehe durch Maßnahmen eingebüßt hat, die sein Vermögen oder seine Erwerbsstellung betrafen, § 1298 I 2, also Aufgabe eines Postens, Wohnungsmiete usw. Die unbescholtene entehrte Braut hat außerdem den Deflorationsanspruch des § 1300. Dieser Anspruch ist ein höchstpersönlicher und umfaßt auch den Schaden, der nicht das Vermögen betrifft. Nur die unmittelbar in Erwartung der Ehe gemachten Aufwendungen können ersetzt verlangen die Eltern oder sonstige Dritte, die etwa an ihrer Stelle die Aussteuer, das Verlobungsessen besorgt haben. In allen Fällen aber begründen nur Maßnahmen die Erstattungspflicht, die den Umständen nach angemessen waren.

5. Endet der Brautstand anders als durch Heirat (also durch Tod, Rücktritt, contrarius consensus), so kann jeder Verlobte vom andern die Brautgeschenke, Verlobungsringe, wohl auch die Briefe nach Bereicherungsgrundsätzen herausverlangen, § 1301. Beim Tode eines Verlobten dürfte diese dispositive Vorschrift meist stillschweigend ausgeschlossen sein. Über Verjährung vgl. § 1302.

---

[1]) Vgl. Neustadt, Krit. Stud., 534.

[2]) So vor allem mangelnde Ehemündigkeit, § 1303 (bestr. von Endemann, S. 50, Anm. 16); über weitere Streitfragen bezügl. Vertretung, Bedingungen usw. vgl. die Kommentare.

§ 5. Eheschließung.

Die Ehe wird nach deutschem Recht dadurch geschlossen, daß die persönlich anwesenden Verlobten vor dem empfangsbereiten Standesbeamten einander bedingungslos ihren Eheschließungswillen erklären. Hiermit sind die wesentlichen Formvorschriften erfüllt; über die zu beachtenden Sollvorschriften vgl. unten III.

I. Der Standesbeamte (StB.) ist der geschichtliche Nachfolger des Geistlichen. Er ist — mittelbarer oder unmittelbarer — Staatsbeamter und erlangt sein Amt durch Bestellung von der höheren Verwaltungsbehörde aus (in Preußen: Oberpräsident). Auf dem Lande wird meist der Standesamtsbezirk mit dem Gemeindebezirk zusammenfallen; dann nimmt in der Regel der Gemeindevorsteher die Geschäfte des StB. wahr (PStG. § 4). In den Städten werden meist besondere StB. bestellt (seit RGes. 11. 6. 1920 auch Frauen). Die Dienstaufsicht über die StB. führen die Verwaltungsbehörden; gegen gesetzwidrige Verweigerung von Amtshandlungen kann jedoch auch das Gericht angerufen werden, PStG. § 11. Die Amtsausübung des StB. ist streng an seinen Bezirk gebunden; außerhalb dessen kann er nicht gültig mitwirken, ist er nicht StB. Jedoch bestimmt die Schutzvorschrift des § 1319, daß bei öffentlicher Amtsausübung und Gutgläubigkeit auch nur eines Verlobten der Mangel der Amtsbefugnis geheilt, die Eheschließung nicht ungültig wird. Vom StB. außerhalb seines Bezirks ist streng zu scheiden der unzuständige StB. Seine Mitwirkung verletzt nur eine Sollvorschrift, § 1320. Zuständig ist der StB., in dessen Bezirk einer der Verlobten seinen Wohnsitz oder gewöhnlichen Aufenthaltsort hat, § 1320 II; mehrere hiernach zuständige StB. stehen zur Wahl, § 1320 IV. Der unzuständige StB. kann außerdem dadurch zuständig werden, daß der zuständige ihm die Zuständigkeit überträgt (§ 1321; vgl. das Formular RGBl. 1920, S. 1430).

II. Der Eheschließung soll regelmäßig ein Aufgebot vorausgehen, erlassen durch den zuständiges StB. nach den näheren Vorschriften des PStG. § 45ff. Es ist dies ein heute etwas veralteter Ableger aus dem kanonischen Recht, wo das Aufgebot noch Verschweigungswirkung hatte, indem es demjenigen, der Ehehindernisse kannte und nicht anzeigte, das jus accusandi nahm. Heute soll es die rechtzeitige Geltendmachung von Ehehindernissen erleichtern, aber nicht ihre nachträgliche unmöglich machen. Das wäre auch eine große Härte angesichts der völlig unzeitgemäßen Form des zweiwöchigen Aushangs, in der das Aufgebot im Inland erfolgt. Das Aufgebot kann unterbleiben auf Grund Befreiung, § 1316 III, 1322 II (generell bei der sog. Kriegstrauung, vgl. Kipp-Wolff, S. 61, Anm. 6) und bei lebensgefährlicher Erkrankung eines der Verlobten, § 1316 II, PStG. § 50. In allen andern Fällen bedeutet das Fehlen ein nur aufschiebendes Ehehindernis[1]).

Der Eheschließungsakt selbst vollzieht sich durch bedingungslose und unbefristete (§ 1317 II) Erfüllung der in § 1317 vorgeschriebenen Formen.

1. Die Verlobten müssen also persönlich vor dem StB. erscheinen, jede Stellvertretung im Willen oder in der Erklärung ist ausgeschlossen, jetzt auch beim hohen Adel.

2. Sie müssen dort erklären, die Ehe miteinander eingehen zu wollen. Eine Form hierfür ist nicht vorgeschrieben; in der Regel erfolgt die Erklärung durch Bejahung der Frage des StB., doch würde auch Zeichensprache eines Stummen genügen[2]).

3. Der StB. muß zur Entgegennahme dieser Erklärungen bereit sein (aktive Assistenz), d. h. den Willen, die Erklärungen entgegenzunehmen, durch kon-

---

[1]) Über Aushändigung eines Gesundheitsmerkblatts vgl. PStG. § 45 V, zugefügt d. Ges. v. 11. 6. 1920. Diese Vorschrift bedeutet eine Abschlagszahlung auf die von vielen geforderte zwangsweise ärztliche Untersuchung vor der Eheschließung, deren praktischer Wert aber fragwürdig ist.

[2]) Instruktionell ist Zuziehung eines Dolmetschers vorgeschrieben, Ausf.Bek. z. PStG. v. 25. 3. 1899, § 10.

kludentes Verhalten bekunden. Hierin erschöpft sich aber auch die Mitwirkung des Staatsorgans; sein in § 1318 vorgeschriebener Ausspruch, daß die Verlobten kraft des BGB. rechtmäßig verbundene Eheleute seien, ist nicht mehr wesentlich; vorheriger Tod etwa eines der Verlobten schadet nun nicht mehr.

III. Außer dem eben erwähnten Ausspruch des StB. gehören noch zu den Sollvorschriften, deren Verletzung die Gültigkeit der Ehe nicht berührt:

1. die Mitwirkung von zwei Zeugen nach näherer Bestimmung des § 1318;

2. die an die Verlobten einzeln und nacheinander gerichtete Frage des StB., ob sie die Ehe miteinander eingehen wollen;

3. die Eintragung im Heiratsregister des StB. Diese hat große Bedeutung für die Heilung etwaiger Formmängel und darf keineswegs unterbleiben, selbst wenn dem StB. bis dahin schon ein wesentlicher Formfehler aufgefallen ist (vgl. unten § 6). Über die Eintragung enthält das Nähere PStG. § 54 in der Fassung des Ges. vom 11. 6. 1920.

§ 6. Die fehlerhafte Ehe.

I. Unter diesem Ausdruck seien zunächst einmal ganz generell alle die Fälle begriffen, in denen die Ehe mit einem materiellen oder formellen Mangel behaftet ist und unter Umständen nicht zur vollen rechtlichen Wirksamkeit gelangen kann. Im einzelnen sind aber drei verschiedene Spielarten dieser Fehlerhaftigkeit zu unterscheiden:

1. In einigen wenigen Fällen ist die Ehe schlechthin und im gewöhnlichen Sinne nichtig, eine Nichtehe, matrimonium non existens. Hierher gehört § 1324 I: Eine mit einem wesentlichen Formmangel behaftete oder bedingt abgeschlossene Ehe ist eine Nichtehe, wenn sie nicht ins Heiratsregister eingetragen ist. Ebenso steht es, wenn zwei Personen gleichen Geschlechts einander den Eheschließungswillen erklärt haben. Beide Male ist rechtlich nichts vorhanden, jedermann kann sich ohne weiteres auf die Nichtigkeit einer solchen „Ehe" berufen, jeder „Ehegatte" anderweit heiraten; die Kinder sind im ersten Falle rettungslos unehelich; nur durch formrichtige Wiederholung der Eheschließung könnte im ersten Falle noch eine gültige Ehe zustande kommen.

2. In allen andern Fällen bedeutet der gesetzliche Ausdruck „nichtige Ehe" etwas völlig anderes, nämlich, daß die Ehe zunächst einmal gültig entsteht, aber durch ein auf eine Nichtigkeitsklage hin ergehendes Gestaltungsurteil mit rückwirkender Kraft vernichtet werden kann (vernichtbare Ehe). Das Gesetz drückt dies allerdings recht mißverständlich aus, indem es sagt, die Nichtigkeit einer solchen Ehe könne, solange sie nicht für nichtig erklärt oder aufgelöst sei, von niemandem geltend gemacht werden, § 1329. Diese prozessuale Wendung will aber offenbar besagen, daß die Ehe bis zu ihrer Vernichtung gültig sei, denn eine ungültige Ehe könnte nicht „aufgelöst" werden. Also treten zunächst und vorläufig die Ehewirkungen ein: Die Gatten sind zur Lebensgemeinschaft verpflichtet, der Mann bekommt Verwaltung und Nutzung des Frauenguts, die Kinder werden eheliche, Treubruch ist Ehebruch. Eine Feststellungsklage auf Ehenichtigkeit wäre glatt abzuweisen. Erst das auf die Nichtigkeitsklage hin ergehende vernichtende, also rechtsgestaltende Urteil läßt die Ehewirkungen mit rückwirkender Kraft (arg. § 1343 II) wieder wegfallen. Die Kinder werden jetzt (vorbehaltlich § 1699, s. u. IV 3) als uneheliche behandelt. Der Mann muß die Nutzungen des Frauenguts als ungerechtfertigte Bereicherung herausgeben. Eine an einen Deutschen verheiratete Ausländerin kann ausgewiesen werden, als hätte sie nie die deutsche Staatsangehörigkeit erlangt. Die Witwe eines Offiziers, die in vernichtbarer zweiter Ehe lebte, bekommt die Pension nachbezahlt, RG. 88, S. 326. Verglichen mit den Begriffen des allgemeinen Teils läßt sich die Vernichtbarkeit nicht unter den Begriff der Nichtigkeit, sondern eher der Anfechtbarkeit bringen.

3. Nun kennt aber das Gesetz auch noch eine „anfechtbare“ Ehe (§§ 1331f.). Diese ist von der vernichtbaren dem Wesen nach durchaus nicht verschieden, man könnte die Vernichtbarkeit eine erweiterte Anfechtbarkeit nennen. Nur die Voraussetzungen sind andere, und der Kreis der Anfechtungsberechtigten ist enger, nämlich beschränkt auf die beiden Ehegatten (Ausnahme höchstens § 1336 II 2), während zur Vernichtung auch noch andere Personen berechtigt sind, § 632 ZPO., nämlich der Staatsanwalt, bei der Doppelehe der frühere Ehegatte, in allen Fällen aber auch jeder, für den von der Nichtigkeit der Ehe ein Recht, von ihrer Gültigkeit eine Verpflichtung abhängt; also z. B. der, dem die Ehefrau im gesetzlichen Güterstand ohne Zustimmung des Mannes eine bewegliche Sache verkauft und übergeben hat, denn er würde nur bei Nichtigkeit der Ehe Eigentümer sein, § 1396; wer umgekehrt mit der Frau im Rahmen ihrer Schlüsselgewalt (§ 1357) kontrahiert hat, würde nur bei Gültigkeit der Ehe dem Manne verpflichtet werden. Ferner ist aber auch die Wirkung der Anfechtbarkeit eine andere: zwar führt die Anfechtungsklage genau wie die Nichtigkeitsklage zu einem vernichtenden Gestaltungsurteil, § 1343 I 1; nicht aber führt die Auflösung der anfechtbaren Ehe an sich schon zu ihrer Vernichtung, wie das die Auflösung der vernichtbaren Ehe tut (§ 1329), sondern erst wenn die Ehe bereits durch Klage angefochten ist, wirkt die Auflösung, die während des Rechtsstreits eintritt, vernichtend, § 1343 II; die Anfechtung verwandelt also die anfechtbare Ehe in eine nunmehr auch durch Auflösung vernichtbare.

4. Die Fälle der Vernichtbarkeit sind folgende:

a) § 1324 II: die formwidrig oder bedingt geschlossene Ehe wird ins Heiratsregister eingetragen; dann ist sie aus dem Zustande der Nichtehe erlöst und reift als „Buchehe“ im Fegefeuer der Vernichtbarkeit langsam ihrer völligen Heilung entgegen (s. unten 5);

b) § 1325: einer der Ehegatten hat sich im Zustande der Geschäftsunfähigkeit, Bewußtlosigkeit oder vorübergehenden Störung der Geistestätigkeit befunden;

c) Vorliegen öffentlich trennender Ehehindernisse s. unten II 1.

5. Die Fälle der Anfechtbarkeit sind:

a) mangelnde Einwilligung des gesetzlichen Vertreters eines Geschäftsbeschränkten, § 1331, s. u. II 2; und zwar ficht hier der gesetzliche Vertreter zu eigenem Recht an § 1336 II 2 (str.);

b) Willensmängel (Irrtum, Betrug, Zwang, § 1332f., s. u. III;

c) Rückkehr des für tot erklärten Ehegatten, § 1350. In diesen Fällen kann die Anfechtung nur erfolgen durch den dazu berechtigten Ehegatten persönlich, auch wenn er geschäftsbeschränkt ist, § 1336 I 2; nur für einen geschäftsunfähigen Ehegatten kann der gesetzliche Vertreter mit Genehmigung der Vormundschaftsgerichts anfechten, § 1336 II 1.

6. Nach § 1329 sollte man annehmen, daß jede vernichtbare Ehe einmal, nämlich spätestens mit dem Tode eines Ehegatten, vom Schicksal der Vernichtung ereilt werde. Doch trifft dies in folgenden Fällen nicht zu[1]):

a) Die Buchehe kann entweder durch zehnjährigen Besitz des ehelichen Standes oder, bei vorherigem Tode eines Ehegatten, sogar schon durch mindestens dreijährigen vollgültig werden, § 1324 II. Das Gesetz fingiert zu Unrecht ihre Gültigkeit von Anfang an; diese Gültigkeit hat in Wirklichkeit bestanden und wird jetzt nur von der drohenden Vernichtbarkeit völlig befreit.

b) Dieselbe Wirkung hat im Falle der Geschäftsunfähigkeit usw. die nachträgliche Bestätigung[2]) durch den geschäftsfähig gewordenen Ehegatten, § 1325 II.

c) Genau so liegt es, wenn nachträglich Befreiung von dem Verbote des § 1312

---

[1]) Daran scheitert HENLES „zerfallende“ Ehe, die er neuerlich (Unterstellung und Versicherung 1922, S. 36, Anm. 18) zäh verteidigt.

[2]) Hier ist vieles strittig. Vgl. STERNBERG, Arch. Ziv. Prax., S. 107, 345ff.

bewilligt wird (s. unten II 1 d). Dann verliert die Ehe mit dem Ehebrecher ihre Vernichtbarkeit und es bleibt bei ihrer anfänglichen Gültigkeit. In diesen Tatbeständen liegt auch die Widerlegung einer noch immer verbreiteten, auch vom RG. in JW. 1913, S. 739 noch vertretenen[1]) Theorie, die in Anklammerung an den Wortlaut des § 1329 und ältere gemeinrechtliche Vorstellungen die Vernichtbarkeit mit der gewöhnlichen Nichtigkeit gleichsetzt, die hier nur an die prozessuale Voraussetzung einer Klage geknüpft sei. Diese Meinung übersieht, daß man den überspitzen Nichtigkeitsbegriff des gemeinen Rechts nicht ohne weiteres auf Tatsachen des sozialen Lebens, zu denen die Ehe doch zweifellos gehört, anwenden kann. Lebensvorgänge wie eine Staatengründung, einen Friedensvertrag, einen Aktienverein, eine Patenterteilung kann das Recht nicht mit dem reinen Gedankenbild der Nichtigkeit wieder aus der Welt schaffen. Sie beanspruchen ihre Realität, und in der Tat läßt sich das eheliche Zusammenleben nicht wieder ungeschehen machen. Je weniger das Recht in solchen Fällen mit abstrakten Kategorien arbeitet, um so gerechter wird es dem Leben werden[2]). Wollte man jener Meinung folgen, so müßte man annehmen, daß die bis dahin nichtige Ehe im Falle des § 1324 II erst nach den zehn Jahren, im Falle des § 1325 II erst mit der formfreien Bestätigung zustande kommt, was dem klaren Sinne des Gesetzes selbst widerspricht.

7. Bei der anfechtbaren Ehe, die ja in der Regel nicht durch Auflösung vernichtet wird, bestimmt das Gesetz, daß der anfechtungsberechtigte Ehegatte sein Anfechtungsrecht mit ins Grab nimmt; stirbt aber der nicht zur Anfechtung berechtigte, so kann der andere Ehegatte immer noch anfechten, und zwar durch öffentlich beglaubigte Erklärung gegenüber dem Nachlaßgericht, § 1342; dadurch verwandelt er noch nachträglich die schon aufgelöste Ehe in eine zur Zeit ihres Bestehens nichtige.

8. Vom Ende des Anfechtungsrechtes gilt folgendes:

a) Das Anfechtungsrecht erlischt α) durch Genehmigung der anfechtbaren Ehe seitens des gesetzlichen Vertreters bzw. Bestätigung durch den voll geschäftsfähig gewordenen Ehegatten, § 1337; β) durch Tod des Anfechtungsberechtigten, s. oben 7; γ) durch Scheidung der noch nicht angefochtenen Ehe, arg. § 1343 II; δ) durch Zeitablauf, § 1339; die Anfechtungsfrist dauert 6 Monate von dem in § 1339 II näher bezeichneten Zeitpunkt an.

b) Das schon ausgeübte Anfechtungsrecht geht verloren α) durch nachträgliche Genehmigung und Bestätigung, und zwar für dauernd, §§ 1341 II 2, 1337; β) durch Rücknahme der Anfechtungsklage, hier kann die Anfechtung wiederholt werden, § 1341 II.

9. Über die prozessuale Behandlung der Anfechtungs- und Nichtigkeitsklage vgl. ZPO. §§ 606ff. Sie gehören beide zu den „Ehesachen", über deren Besonderheiten gegenüber den sonstigen Rechtsstreitigkeiten vgl. die Darstellungen des ZPrechtes, in Kürze STEIN, Grundriß des ZPrechtes, 1921, S. 234f.

II. Ehehindernisse (EH.) sind Eheverbote, die z. T. mit der Sanktion der Fehlerhaftigkeit der Ehe ausgestattet sind. Wenn sie die Ehe vernichtbar machen, nennt man sie öffentlich trennende EH., wenn sie Anfechtbarkeit bewirken, private trennende EH., (die impedimenta dirimentia publica s. privata des kanonischen Rechts); die reinen, unsanktionierten Eheverbote bilden aufschiebende EH. (imp. impedientia tantum). Also sind die „aufschiebenden" EH. gerade keine Hindernisse für das Zustandekommen der Ehe! Das BGB. zählt die EH. erschöpfend auf (1303—1315), und regelt im Gegensatz zum PStG. auch ihre Folgen (§§ 1326 bis

---

[1]) Vgl. Komm. RGRäte zu 1329.

[2]) Die ganze Rückwirkung hat also hauptsächlich Bedeutung für die vermögensrechtlichen Nebenwirkungen der Ehe. So schon DERNBURG, IV, S. 72. — Das Schweizer ZGB. verwirft sie ganz, Art. 132 II.

1328, 1331). Erst aus dem Zusammenhalt dieser Bestimmungen ergibt sich, zu welcher der drei Gruppen die einzelnen EH. gehören.

1. Öffentlich trennende EH. (mit Vernichtbarkeitsfolge) sind:

a) die Blutsverwandtschaft, § 1310 I, 1327. Sie mag an erster Stelle stehen, da sie am tiefsten im Volksbewußtsein eingewurzelt ist. Die Kirche hatte das Eheverbot zwischen Verwandten unerhört weit ausgedehnt, zeitweise bis zum 7. Grade kanonischer Zählung. BGB. schränkt es weiter ein als die meisten andern europäischen Rechte[1]), nämlich auf Verwandte in gerader Linie und Geschwister. Hier ist jeder Dispens natürlich ausgeschlossen. Die Ehe zwischen Geschwisterkindern, zwischen Onkel und Nichte ist also, obwohl ethische und medizinische Bedenken dagegen bestehen, nicht verboten. Wohl aber gelten für das EH. der uneheliche Vater und sein Kind als verwandt, § 1310 III.

b) Schwägerschaft, auch wenn auf unehelicher Verwandtschaft beruhend; also darf der Sohn die Stiefmutter, der Vater die uneheliche Tochter des Stiefsohnes, die Frau den unehelichen Sohn des Mannes nicht heiraten, bei Nichtigkeit der Ehe, §§ 1310 I, 1327.

c) Doppelehe: eine Folgerung aus dem strengen Prinzip der Monogamie, § 1309 mit § 1326; die bigamische Ehe ist vernichtbar, wenn die erste Ehe als gültige im Augenblick der Eheschließung bestand, selbst wenn sie vor Erhebung der Nichtigkeitsklage aufgelöst worden sein sollte. Gültigkeit der alten und Vernichtbarkeit der neuen Ehe stehen also in zwangsläufiger Wechselwirkung. Eine selbstverständliche Ausnahme betrifft die Wiederholung der Eheschließung zwischen denselben Ehegatten, § 1309 II.

d) Ehebruch, § 1312 mit § 1328. Es ist verboten, daß der geschiedene Ehegatte denjenigen heiratet, mit dem er die Ehe gebrochen hat, wenn dieser Ehebruch als Scheidungsgrund im Scheidungsurteil festgestellt ist; diese Feststellung ist notwendiger Inhalt des Scheidungsurteils, ZPO. § 624. Von diesem EH. kann Befreiung bewilligt werden, wodurch seine abschreckende Kraft stark beeinträchtigt wird. —

2. An privaten trennenden EH. kennt das BGB. nur ein einziges echtes, nämlich die mangelnde Einwilligung des gesetzlichen Vertreters; es ist ungenau, die Willensmängel deshalb, weil sie ebenfalls die Ehe anfechtbar machen, als EH. zu bezeichnen; es ist nicht verboten, sich bei der Eheschließung zu irren oder täuschen zu lassen, mag auch die Täuschung selbst vom Rechte mißbilligt werden. Die mangelnde Genehmigung des gesetzlichen Vertreters nun ist streng zu scheiden von dem oft damit verquickten Erfordernis der elterlichen Einwilligung. Verschieden sind die Ausgangspunkte — dort Schutz des Minderjährigen, hier elterliches Respektsverhältnis, verschieden die vermögensrechtlichen Wirkungen — dort Schutz des Frauenguts, daher Ausschluß des gesetzlichen Güterstands, § 1364, hier nur Strafwirkungen (§§ 1621, 1661). Auch bei diesem EH. gelten nicht die Genehmigungsregeln des allgemeinen Teils: Also keine Aufforderung des gesetzlichen Vertreters wie in § 108, kein Schwebezustand bis zur Entscheidung, sondern Anfechtbarkeit der Ehe durch den gesetzlichen Vertreter bzw. den geschäftsfähig gewordenen Minderjährigen selbst, § 1336 II 2. Die in der Literatur meist erörterte Frage nach der Widerruflichkeit der Einwilligung ist falsch gestellt; denn es handelt sich nicht um eine einmalige Erklärung des Einverständnisses, sondern um das Einverstandensein dessen, der z. Z. der Eheschließung gesetzlicher Vertreter ist. Ist es Vater oder Mutter, so muß sich der Minderjährige die Verweigerung gefallen lassen; gegen einen Vormund kann er das Vormundschaftsgericht anrufen, § 1304 II.

3. Die aufschiebenden EH. (reinen Eheverbote) enthalten keine Bemängelung

---

[1]) Vgl. SCHREUER, Deutsches Privatrecht, 1921, S. 387 A, 3.

der Ehe selbst, wohl aber bindende Befehle[1]), sich bei ihrem Vorliegen der Eheschließung zu enthalten.

a) Die Ehemündigkeit erlangt der Mann mit der Volljährigkeit, die Frau mit 16 Jahren, § 1303. Mit Rücksicht auf § 3 II ist also das Mindestalter für den Mann 18 Jahre, für die Frau gibt es überhaupt kein festes Mindestalter, denn ihr kann Befreiung bewilligt werden (praktisch bei Schwängerung; der Verführer hat die Wahl zwischen Gefängnis [StGB. § 182] und Heirat!).

b) Elterliche Einwilligung ist nötig bis zum 21. Lebensjahre, § 1305, auch wenn das Kind für volljährig erklärt ist; dann kann es freilich Ersatz durch das VG. beantragen, § 1308. „Elterliche" Einwilligung ist nie Einwilligung beider Eltern, sondern bei ehelichen Kindern in der Regel des Vaters (auch bei Verwirkung der elterlichen Gewalt, § 1681!!), der Mutter nur in den Fällen § 1305 I 2; das für ehelich erklärte Kind bedarf indessen nach dem Tode des Vaters der Einwilligung der Mutter nicht, § 1305 I 3. Über Adoptivkinder vgl. § 1306.

c) Bestehen einer nichtigen, aber noch nicht vernichteten Ehe, § 1309; die neue Ehe ist gültig, wenn die alte aufgelöst oder sonst vernichtet wird, § 1326; trotzdem kann Bestrafung wegen Bigamie eintreten, StGB. § 171. So enthält § 1309 sowohl ein aufschiebendes wie ein trennendes EH.

d) Ebenso ist die Ehe verboten, wenn gegen ein Scheidungs- oder Nichtigkeitsurteil das Wiederaufnahmeverfahren schwebt, § 1309 II, ZPO. §§ 1579, 1580, außer wenn schon wegen Ablaufs der in ZPO. § 586 II vorgesehenen fünfjährigen Frist Abweisung der Klage erfolgen müßte.

e) Verboten ist die Ehe mit einer Person, die mit einem Aszendenten oder Deszendenten Geschlechtsgemeinschaft gehabt hat, § 1310 II (sog. illegitime Schwägerschaft). Dieses EH. ergänzt das der Verwandtschaft und Schwägerschaft insofern, als es auch eingreift, wenn die schwägerschaftserzeugende Ehe nichtig war (z. B. darf der Vater die Schwiegertochter auch bei nichtiger Ehe des Sohnes nicht heiraten).

f) Verboten ist die Ehe zwischen Wahleltern und Wahlkindern, § 1311; dieses EH. hat die Eigenheit, daß es sich bei Übertretung selbst aufhebt, das Adoptivverhältnis hört nämlich auf, § 1771.

g) Von geringerer Bedeutung sind die EH. der Wartezeit, § 1313, zur Verhütung der turbatio sanguinis aufgestellt, aber dispensabel; im Falle der Nichtbeachtung entscheidet über die Ehelichkeit eines Kindes im Zweifel § 1600; ferner des mangelnden Auseinandersetzungszeugnisses für den Inhaber der elterlichen Gewalt oder Vormund, § 1314 mit §§ 1493, 1669, 1845; endlich die EH. des öffentlichen Rechts, § 1315 (für Militärpersonen vgl. RWehrG. v. 23. 3. 1921 § 31 b: Ehekonsens in der Regel nicht vor dem 27. Lebensjahre; für Landesbeamte entscheidet das Landesrecht)[2]).

III. Willensmängel führen zur Anfechtbarkeit der Ehe und sind dieselben wie im allgemeinen Teil: Irrtum, arglistige Täuschung, Drohung.

1. Der Irrtum besteht entweder über das Geschäft der Eheschließung selbst; der Irrende wußte nicht, daß es sich um eine Eheschließung handele oder wollte seinen Willen, die Ehe gerade mit dieser Person zu schließen, nicht erklären, § 1332. Oder der Irrtum betrifft die Person des anderen Ehegatten (sog. Identitätsirrtum). In diesen praktisch sehr seltenen Fällen genügt der Irrtum an sich, es wird im Gegensatz zu § 119 nicht gefordert seine Erheblichkeit. Anders bei dem viel wich-

---

[1]) Nicht bloß an den Standesbeamten! Auch für einen Ehegatten können aus der Übertretung eines aufschiebenden EH. Nachteile entstehen, z. B. Entlassung, Schadenshaftung des Vormunds bei § 1314, Bestrafung nach MilStGB. § 150, Verlust der Aussteuer § 1621.

[2]) Das früher im rechtsrheinischen Bayern erforderte distriktspolizeiliche Verehelichungszeugnis (Heimatges. v. 30. 7. 1899) ist für Inländer beseitigt durch Armenges. v. 21. 8. 1914, Art. 89, in Kraft seit 1. 1. 1916.

tigeren Irrtum über persönliche Eigenschaften des andern Ehegatten (§ 1333); hier wird erfordert, daß die Eigenschaft, über die geirrt wurde, den Irrenden bei Kenntnis der Sachlage und bei verständiger Würdigung des Wesens der Ehe von ihrer Eingehung abgehalten haben würde. Welche körperlichen, geistigen und sittlichen Eigenschaften wesentliche im Rechtssinne sind, darüber läßt sich nur aus der reichen Kasuistik ein Urteil gewinnen (vgl. die Kommentare)[1]. Aber stets müssen es Eigenschaften gerade des anderen Ehegatten sein, niemals genügen eigene, niemals bloße persönliche Verhältnisse, am wenigsten Geldangelegenheiten (arg. § 1334 II). Indessen kann eine raffiniert angelegte Täuschung über Vermögensverhältnisse einen sittlichen Defekt offenbaren, der Anfechtungsgrund sein kann (RG. JW. 1903, Beil. Nr. 163). Niemals muß der Anfechtende Vertrauensschaden ersetzen, § 122 gilt nicht, vielmehr erwachsen ihm u. U. Ansprüche aus §§ 1345ff., s. u. IV 2.

2. Arglistige Täuschung, § 1334, ist wie im allgemeinen Teil nur die absichtlich herbeigeführte Täuschung, nicht schon das bloße Verschweigen. Sie kann sich auch auf „Umstände" beziehen, also Beruf, Vorbestraftheit, auch von Familienmitgliedern, Absicht die kirchliche Trauung zu verweigern (Prot. IV 77) usw. Auch hier müssen die Umstände, auf die sich die Täuschung bezog, erhebliche gewesen sein, eine Erschwerung gegenüber dem allgemeinen Teil. Ist die Täuschung von einem Dritten verübt, so ist positive Kenntnis des Anfechtungsgegners z. Z. der Eheschließung Anfechtungsvoraussetzung.

3. Bei dem Anfechtungsgrund der Drohung richtet sich das Gesetz ganz nach den allgemeinen Bestimmungen. Auch hier erfordert es „widerrechtliche" Bestimmung durch Drohung, was allerdings immer vorliegen wird, und frägt nicht danach, ob die Drohung von dem Ehegatten oder einem Dritten ausging.

4. Im übrigen gilt keiner der Willensmängel als Anfechtungsgrund (arg. § 1323 „nur"). Also weder Mentalreservation, noch Simulation, selbst im Einverständnisse mit dem Standesbeamten, werden beachtet; die Ehe ist trotzdem unanfechtbar gültig.

IV. Die Vernichtung der Ehe wirkt zurück. Also müßten sowohl die Rechtsgeschäfte der Ehegatten mit Dritten als auch ihr Verhältnis zueinander von der Vernichtung mitbetroffen werden. Davon macht das Gesetz indessen Ausnahmen, indem es die Rechte Gutgläubiger schützt.

1. Geschützt wird, wer mit einem Ehegatten der vernichtbaren Ehe ein Rechtsgeschäft abgeschlossen oder sich auf einen Prozeß eingelassen hat, ohne die Fehlerhaftigkeit der Ehe bei der Vornahme des Rechtsgeschäfts oder bei Eintritt der Rechtshängigkeit zu kennen. Ihm können nach der Ausdrucksweise des Gesetzes „aus der Nichtigkeit der Ehe keine Einwendungen gemacht werden", d. h. ihm gegenüber gilt die Vernichtung der Ehe als überhaupt nicht eingetreten. Hat z. B. der Mann Banknoten, die zum eingebrachten Gut gehören, kraft seines Verfügungsrechts ausgegeben (§ 1376), so schadet auch die nachträgliche Vernichtung der Ehe dem Eigentumserwerb des Empfängers nicht, obwohl das Verfügungsrecht rückwirkend vernichtet ist und auch § 932 den Dritten nicht schützen würde. Ist der Mann mit der Vindikation verbrauchbarer Sachen der Frau abgewiesen (§ 1380), so steht neuer Klage der Frau trotz Vernichtung der Ehe die Rechtskraft entgegen. Ebenso verpflichten Geschäfte der Frau im Rahmen der Schlüsselgewalt auch bei vernichtbarer Ehe den Mann (§ 1357). Dieser Schutz gilt aber nur bei Rechtsgeschäften und Prozessen, nicht auch bei Vollstreckungshandlungen[2].

---

[1]) Vgl. jetzt auch RG. Bd. 104 S. 335 f. (Irrtum über uneheliche Mutterschaft bei Kenntnis des vorehelichen Geschlechtsverkehrs).

[2]) Hatten die Ehegatten einer vernichteten Ehe Gütergemeinschaft, so kann nach § 1344 dem Dritten gegenüber die Haftung des von der Vernichtung mitbetroffenen Gesamtguts mit allen Konsequenzen fortbestehen, vgl. Hellwig, Rechtskraft, S. 456.

2. Geschützt wird auch der gutgläubige Ehegatte, § 1345, das ist derjenige, der in Unkenntnis der Fehlerhaftigkeit der Ehe geheiratet hat, wenn diese dem andern Ehegatten bekannt war. Ist die innere Beziehung der Ehegatten zur Fehlerhaftigkeit die gleiche, sind also beide gut- oder bösgläubig, so ist für einen solchen Schutz kein Raum. Andernfalls kann der redliche Ehegatte verlangen, in vermögensrechtlicher Beziehung so gestellt zu werden, als ob die Ehe vollgültig, aber geschieden und der andere, schlechtgläubige Teil für allein schuldig erklärt worden wäre, d. h. er kann sich auf die Vorschriften in §§ 1578ff. berufen, und dementsprechend Unterhalt fordern, Schenkungen widerrufen, § 1584, sowie die Auseinandersetzung nach Scheidungsrecht herbeiführen; er bewirkt dies alles durch seine unwiderrufliche rechtsgestaltende Erklärung gegenüber dem andern Ehegatten, § 1347. Diese Erklärung kann durch Fristsetzung herausgefordert werden, § 1347 II. Insbesondere braucht also der redliche Mann der unredlichen Frau die Nutzungen des eingebrachten Guts nicht herauszugeben und kann die redliche Frau vom unredlichen Manne Unterhalt nach Scheidungsrecht verlangen, wenn ihr das günstiger erscheint als die Rückerstattung der vom Manne zu Unrecht gezogenen Nutzungen nach §§ 819, 955, 990. Sinngemäß ist der Bedrohte, obwohl in der Regel nicht gutgläubig im Sinne des § 1345, doch zu dessen Anwendung befugt, § 1346; bei Irrtumsanfechtung steht umgekehrt der Anfechtungsgegner dem Redlichen gleich, dafern er den Irrtum nicht kannte; kannte er ihn positiv, so muß er sich als unredlich behandeln lassen (RG. 78, S. 369); hätte er ihn kennen müssen, so muß es wohl bei der Nichtigkeit bewenden (str.).

3. Endlich gelten Schutzvorschriften für die Kinder. Ist auch nur einer der Ehegatten gutgläubig, so rettet er damit bei Vernichtung der Ehe den Kindern die Ehelichkeit, die bei gültiger Ehe ehelich wären, und das gilt auch bei Gutgläubigkeit beider Gatten (anders als oben bei 2!). Dabei gelten prinzipiell und bei Gutgläubigkeit beider Eltern stets für die Verteilung der Kinder die gleichen Regeln wie bei der Scheidung auf Grund beiderseitigen Verschuldens, §§ 1700, 1635, s. unten § 8 VIII. Den bösgläubigen Vater, aber auch nur ihn persönlich, trifft zur Strafe Verlust sämtlicher Rechte aus der Vaterschaft, § 1701, also auch des Erbrechts, ja sogar des Rechts, mit dem Kinde zu verkehren (§ 1636). Die bösgläubige Mutter steht wie eine schuldig Geschiedene, hat also nicht das Recht der Personenmitsorge (§ 1634), wohl aber das Verkehrsrecht, § 1702. All dies gilt nicht für den Fall der Nichtehe, § 1699 II; immerhin haben Kinder hier vom Vater Unterhalt wie eheliche zu beanspruchen, § 1703.

§ 7. Wiederverheiratung nach Todeserklärung.

I. Wie für alle übrigen Lebensverhältnisse, so begründet auch für die Ehe die Todeserklärung eines Ehegatten die Vermutung der Auflösung (§ 18). Ist aber das Ausschlußurteil mit der Anfechtungsklage (ZPO. § 957) angegriffen, so bildet dies nur ein aufschiebendes Ehehindernis, außer wenn die zehnjährige Präklusionsfrist des § 958 II ZPO. schon abgelaufen war.

II. Viel schwierigere Fragen entstehen, wenn der für tot Erklärte den Zeitpunkt der Todeserklärung überlebt und der zurückgebliebene Ehegatte wieder geheiratet hat. Hier galt es, den Weg zu finden zwischen der konsequenten, aber lebensfremden Regelung des kanonischen Rechts, das die zweite Ehe zur Nichtigkeit verurteilte, und dem gleichfalls zu einseitigen Standpunkt des preußischen Rechts, ALR. II 1, § 666, wonach die alte Ehe stets unterging. BGB. vermittelt in der Weise, daß es mit der Schließung der neuen Ehe (also nicht schon mit der Todeserklärung) die Ehe mit dem Verschollenen aufgelöst sein (§ 1348 II), und die Ehe des Zurückgebliebenen trotz der Rückkehr jenes bestehen läßt, wenn auch nur einer der neuen Ehegatten redlich war. Wissen freilich beide, daß der Verschollene den im Ausschlußurteil festgesetzten Todeszeitpunkt überlebt hat, so ist die neue Ehe dann als bigamische nichtig, wenn er die Eheschließung erlebt hat. In jedem andern Falle ist die neue Ehe zunächst gültig, § 1348, wenn sie auch bigamisch war und einer der Ehegatten dies wußte; dieser macht sich allerdings der Bigamie schuldig, StGB. § 171. Ferner aber ist die Gültigkeit der neuen Ehe bedingt: sowohl der Zurückgebliebene wie der neue Ehegatte (nicht der Zurückgekehrte!), können sie, solange sie noch nicht aufgelöst ist, binnen sechs Monaten anfechten (§ 1350). Dem Bösgläubigen steht jedoch das Anfechtungsrecht nicht zu, er ist in die Hand des Gutgläubigen gegeben und gibt außerdem im Anfechtungsfalle dem Zurückgekehrten das Scheidungsrecht aus § 1565. Diese anscheinend so feine Regelung krankt doch an großen Härten. Der Zurückgekehrte kann nicht wieder heiraten, solange er nicht weiß, ob die neue Ehe nicht angefochten oder — vielleicht nach vielen Jahren — aus irgendeinem Grunde vernichtet wird, wodurch die alte Ehe wieder aufleben würde; sein religiöses Empfinden, das ihm die Wiederverheiratung vielleicht auch verbietet, wird nicht geschützt. Das ist jetzt besonders unhaltbar, wo infolge des Weltkriegs und seiner Nachwirkungen der normalerweise vielleicht begründete Vorwurf grober Säumnis gegen den Verschollenen (vgl. Mot. IV § 642) nicht mehr schlechthin zutreffen wird.

III. Auf vermögensrechtlichem Gebiet bestimmt § 1351, daß der anfechtende Zurückgebliebene dem gutgläubigen andern Ehegatten Unterhalt nach Scheidungsrecht zu gewähren hat, aber nicht wahlweise, sondern kumulativ neben den Ansprüchen aus nichtiger Ehe. Bei Anfechtung durch den neuen Ehegatten bewendet es bei § 1345. Der Zurückgebliebene hat bei gültiger neuer Ehe höchstens Ansprüche aus §§ 823, 826. Über die Verpflichtung der Frau zu Unterhaltsbeiträgen vgl. § 1352.

§ 8. Ehescheidung.

I. Prinzipielle Gestaltung. Im Scheidungsrecht des BGB. treffen die verschiedenen Weltanschauungsfragen am heftigsten aufeinander. Auf der einen Seite steht die von der Kirche verdienstlicherweise in die europäische Kulturentwicklung hineingeworfene Idee der Unlösbarkeit der sakramentalen Ehe, auf der andern das vom Standpunkt des modernen Menschen mit differenzierterem Seelenleben unabweisbare Bedürfnis nach Lösung von in sich zerbrochener Gemeinschaft. Aber auch der Staat hat ein Interesse an möglichster Aufrechterhaltung der Ehe, die er mit Recht als die Keimzelle der sozialen Ordnung ansieht. So kann jedes Ehescheidungsrecht der Gegenwart nur ein Kompromiß sein und nur eine Frage des Maßes, inwieweit der Staat seine Macht zur Durchführung begründeten Ehescheidungsbegehrens zur Verfügung stellt. Im gegenwärtigen Augenblick ist der Kernpunkt des Problems, ob an dem System der Verschuldensgründe festgehalten werden soll. Das BGB. normiert nämlich die von ihm einzeln aufgeführten Scheidungsgründe, mit einziger Ausnahme der Geisteskrankheit, nach dem Verschuldensprinzip. Der Richter darf nur scheiden, wenn ihm ein Verschulden des beklagten Ehegatten nachgewiesen wird; er hat einen der Ehegatten oder gegebenenfalls beide für schuldig zu erklären und dadurch ein Unwerturteil auszusprechen, das auf den verschiedensten Gebieten (Unterhaltspflicht, Verteilung der Kinder) Wirkungen äußert. Die Zukunft scheint sich aber auch an der objektiven Feststellung, daß die Ehe zerrüttet sei, als Scheidungsgrund genug sein lassen zu wollen. Aber auch damit ist noch nicht anerkannt, daß gegenseitige Einwilligung oder unüberwindliche Abneigung ein Recht zur Lossagung von der Ehe geben sollen; wohl aber, daß die zerrüttete Ehe ein Krankheitsherd ist, dessen Ausscheidung dem Selbsterhaltungstrieb des sozialen Organismus entspricht. Auch ist dem Interesse der Kinder, das so oft ins Treffen geführt wird, damit vielleicht besser gedient als mit der Aufrechterhaltung einer leeren Eheform. Endlich entspricht es nicht dem Ideal staatlicher Rechtspflege, wenn der Prozeß mit dem Spiel erdichteter Schuldgründe vergiftet wird.

Unter den Verschuldensgründen sind nach geltendem Recht absolute und relative zu scheiden. Bei ersteren ist dem Richter die Scheidung zur Pflicht gemacht, wenn der gesetzlich festgelegte Tatbestand objektiv und subjektiv erfüllt ist, so bei Ehebruch, § 1565, Lebensnachstellung, § 1566, böslicher Verlassung, § 1567; bei dem relativen Scheidungsgrund der Ehezerrüttung, § 1568, bedarf es hingegen der weiteren, nach richterlichem Ermessen zu treffenden Feststellung, ob die Zerrüttung das Maß der Unzumutbarkeit erreicht hat. Auch der Scheidungsgrund der Geisteskrankheit ist ein relativer.

Trotzdem die Ehescheidung durch Richterspruch (Gestaltungsurteil) erfolgt, beruht sie doch auf einem familienrechtlichen Rechtsakt, auf einer einseitigen Willenserklärung des Scheidungsberechtigten, daß er sich von der Ehe löse. Das Scheidungsrecht stellt sich also privatrechtlich dar als ein Recht zur Kündigung der Ehe, zugleich als subjektiv öffentliches Recht auf Scheidung durch das Gericht.

Neben der Scheidung hat das BGB. die vom PStG. in tendenziöser Weise verworfene Trennung von Tisch und Bett unter dem Namen der „Aufhebung der ehelichen Gemeinschaft" wieder aufgenommen.

II. Die absoluten Scheidungsgründe.

1. An die Spitze stellt das Gesetz in Anerkennung der bisherigen Rechtsentwicklung den Ehebruch und die Sittlichkeitsdelikte. Die Tatbestände sind dabei eng an das Strafrecht angeschlossen. Ehebruch (StGB. § 172) ist demnach Beischlaf zwischen Personen verschiedenen Geschlechts, von denen wenigstens die eine in einer gültigen (wenn auch vernicht- oder anfechtbaren) Ehe lebt. Der Beweis des Ehebruchs ist für den klagenden Ehegatten sehr erschwert durch das Zeugnisverweigerungsrecht des Ehebrechers (ZPO. § 384 Nr. 2) und muß u. U. durch Zuschiebung des Eides an den Beklagten über genau spezialisierte Tatsachen geführt werden. Die Person des Ehebrechers muß eindeutig feststehen schon mit Rücksicht auf § 1312 und im Scheidungsurteil formell festgestellt werden, ZPO. § 624. Weitere Tatbestände sind Doppelehe (StGB. § 171) und widernatürliche Unzucht im Sinne des § 175 StGB. Alle diese Scheidungsgründe müssen als vollendete vorliegen; als versuchte können sie höchstens für den relativen Scheidungsgrund des § 1568 in Betracht kommen. Der Anschluß an die strafrechtlichen Tatbestände ist nicht glücklich; fortgesetzte Unsittlichkeit kann das Wesen der Ehe tiefer verletzen als ein vereinzelter Ehebruch[1]). Überall ist die Scheidung ausgeschlossen, wenn der Kläger der strafbaren Handlung zugestimmt oder sich der Teilnahme schuldig gemacht hat (z. B. auch durch Anstiftung eines Dritten), ferner, wenn die Handlung dem Täter nicht zurechenbar, etwa in sinnloser Trunkenheit begangen war.

2. Im Gegensatz dazu ist der Tatbestand der Lebensnachstellung (§ 1566) völlig vom Strafrecht losgelöst. Ein strafrechtlich relevanter Akt (Mordversuch) braucht nicht vorzuliegen; es genügt ein in Tötungsabsicht geschehener, zurechenbarer, ernst zu nehmender Angriff, selbst mit völlig untauglichen Mitteln (Vergiftenwollen mit Zucker statt Arsen; Totbeten?).

3. Zum Tatbestand der böslichen Verlassung (§ 1567) gehört ein absichtlicher Verstoß gegen den Ehezweck des gemeinsamen Lebens. Der Verlassende muß also den Willen haben, die häusliche Gemeinschaft zu zerstören, ohne die Absicht sie je wieder aufzunehmen und gegen den Willen des andern Ehegatten (sonst liegt nur „Getrenntleben" vor). Die Verlassung kann also darin bestehen, daß ein Gatte den andern buchstäblich im Stiche läßt, oder daß er ihn verstößt, seine Aufnahme weigert, oder die Frau nicht folgt, wohin sie zu folgen verpflichtet ist (§ 1354), z. B. am

[1]) Ähnlich Jordan, JW. 1922, S. 999.

Hochzeitstage nicht von Hause weg will; die häusliche Gemeinschaft braucht also noch gar nicht begonnen zu haben. Im übrigen unterscheidet das Gesetz:

a) die eigentliche bösliche Verlassung, desertio; sie liegt vor, wenn der schuldige Teil so abwesend ist, daß die Voraussetzungen öffentlicher Zustellung (ZPO. § 203) ein Jahr lang gegen ihn bestanden haben und bis zum Urteil fortbestehen; auch die bösliche Absicht muß das ganze Jahr über angedauert haben; praktisch wird man sich mit dem Nachweis zu begnügen haben, daß er in böslicher Absicht fortgegangen ist (Planck-Unzner 5b zu § 1567).

b) Die uneigentliche, Quasi-desertio. Hier muß der Schuldige nach Aufhebung der häuslichen Gemeinschaft rechtskräftig zur Herstellung des ehelichen Lebens verurteilt worden sein, darauf dem Urteil in böslicher Absicht ein Jahr lang keine Folge geleistet haben (möglich wegen § 888 ZPO!) und dann erst kann Scheidungsurteil ergehen; die Klage kann schon vorher erhoben werden, und es ist auch nicht nötig, daß die bösliche Absicht bis zum Urteil fortbestanden hat[1]). Trotz der langen Dauer ist dieser Weg nicht unbeliebt, da er vorläufig noch der einzige zur Lösung einer ohne nachweisbare Schuld zerrütteten Ehe ist. Freilich setzt dies voraus, daß schon die Herstellungsklage nicht von dem ernstlichen Herstellungswillen des Klägers getragen wird; die Praxis verzichtet aber meist auf dessen Nachweis[2]).

III. Der relative Scheidungsgrund des § 1568 kann zusammenfassend vielleicht bezeichnet werden als Scheidungsgrund der Mißhandlung oder Ehewidrigkeit. Hiernach kann der Richter die Ehe scheiden, wenn eine so tiefe Zerrüttung des ehelichen Lebens vorliegt, daß dem Kläger die Fortsetzung der Ehe nicht zugemutet werden kann, und zwar auf Grund eines Verschuldens des Beklagten, das sich darstellt als schwere Verletzung der ehelichen Pflichten, ehrloses oder unsittliches Verhalten. Im einzelnen:

1. Es muß die Ehe zerrüttet, d. h. dauernd zerstört, in ihren sittlichen Grundlagen aufgehoben sein. Dieses objektive Kriterium gewinnt der Richter aus der Prüfung des gesamten ehelichen Zusammenlebens, unter Würdigung der Eigenart der Ehegatten, ihrer Charakterveranlagung usw., nicht aber einseitig aus ihren sozialen Verhältnissen heraus, wie es die Rechtsprechung gelegentlich nicht ohne grobe Mißgriffe getan hat[3]).

2. Die Fortsetzung der Ehe muß unzumutbar, d. h. subjektiv für den Kläger mit objektiv verständlichen unerträglichen psychischen Hemmungen verbunden sein[4]). Auch hier ist auf die Anschauungen bestimmter Volkskreise über die Wertung von Vorstrafen, Treubrüchen, Duellverweigerungen usw. nur mit größter Vorsicht einzugehen.

3. Das Verschulden, das zur Ehescheidung führt, muß Vorsatz oder Fahrlässigkeit sein; d. h. es ist nicht das Bewußtsein erforderlich, die Ehe zu zerstören (z. B. Querulantenwahn, religiöse Quälereien). Unter der wie bei jedem Verschulden notwendigen Kausalität ist nicht zu verstehen, daß einzig und allein vom Beklagten Ehekränkungen ausgegangen sein dürfen; nur müssen sie gegenüber denen des andern Ehegatten eine Steigerung bedeuten, müssen das volle Maß zum Überlaufen bringen.

4. Die reiche Kasuistik, die sich an den Begriff der schweren Pflichtverletzung knüpft, kann hier nicht im einzelnen vorgeführt werden. Jedenfalls ist körperliche Mißhandlung stets Scheidungsgrund, wenn sie durch das Maß der Einwirkung oder sonstige besondere Umstände zur schweren wird; jedoch gibt es auch schwere seeli-

---

[1]) OLG. Hamburg, 16, 217.

[2]) Z. B. OLG. Celle, 12, 315; RG., Leipz. Zeitschr. 1919, S. 794.

[3]) Vgl. das vom RG. mit Recht scharf kritisierte U. des OLG. Colmar in JW. 1916, S. 1194.

[4]) Daß ein Geisteskranker nicht Scheidung begehren kann, weil er die ihm zugefügten Kränkungen nicht mehr als solche zu empfinden scheint, ist sehr anfechtbar, vgl. RG. Bd. 85, S. 11. — Das RG. verschärft das Verschuldensprinzip noch insofern, als es bei mitwirkendem Verschulden des Klägers die Unzumutbarkeit verneint, vgl. JW. 1920, S. 438.

sche Mißhandlungen: Beschimpfungen und Bedrohungen, Bloßstellung im gesellschaftlichen Verkehr, Rücksichtslosigkeiten in sexueller Hinsicht, Treubrüche, Verweigerung kirchlicher Trauung, Verlassung, auch wenn keine bösliche usw. Im Gegensatz dazu braucht sich das ehrlose oder unsittliche Verhalten nicht gerade gegen den andern Teil zu richten. Inwieweit Bestrafungen wegen ehrenrührigen Verbrechens heute Scheidungsgrund sind, darüber gibt es keine feste Norm. — Der § 1568 erscheint also als eine zur Ergänzung der absoluten Scheidungsgründe unentbehrliche Generalklausel. Ja man kann schon die Hineinziehung des Verschuldensmoments als überflüssigen Ballast empfinden. Es muß genügen, wenn eine nicht gerade vom klagenden Teil verschuldete, so tiefe Zerrüttung der Ehe feststeht, daß jede Aussicht auf Herstellung einer dem Wesen der Ehe entsprechenden Gemeinschaft fehlt[1]). Darüber hinaus aber würde eine weitere Erleichterung der Scheidung, etwa im gegenseitigen Einverständnis, nur als Beschleunigung einer schon fühlbaren Auflösungstendenz wirken. Die Zeit nach dem Kriege hat eine gewaltige Steigerung der Scheidungszahlen mit sich gebracht[2]), und jede Reform des Scheidungsrechtes[3]) muß sich davor hüten, das Gefühl der sittlichen Verantwortung beim Eheschluß und in der Ehe zu sehr auszuschalten.

IV. Heute noch allein außerhalb des Systems der Verschuldensgründe steht die Scheidung wegen Geisteskrankheit. Es muß sich dabei um eine totale geistige Erkrankung, nicht bloß um eine partielle (z. B. Kleptomanie) handeln; diese Erkrankung muß während der Ehe drei Jahre lang bestanden haben und zur Zeit der letzten mündlichen Verhandlung einen Grad erreicht haben, der „die" geistige Gemeinschaft zwischen den Ehegatten ausschließt, das ist nicht jede geistige Gemeinschaft, sondern die spezifisch zur Erfassung des Wesens der Ehe notwendige; geistiger Tod wird nicht verlangt. Wohl aber muß jede Aussicht auf Wiederherstellung ausgeschlossen sein, worüber wenigstens ein Sachverständiger zu hören ist, ZPO. § 623.

V. Der Schuldausspruch ist daher nach geltendem Recht notwendiger Bestandteil jedes Scheidungsurteils, dafern es nicht wegen Geisteskrankheit ergeht, § 1574 I. Daher kann der Beklagte Widerklage erheben, in der er ebenfalls um Scheidung, aber aus dem Verschulden des Klägers oder beider Teile bittet, § 1574 II. Dann muß das Gericht über Klage und Widerklage in e i n e m Verfahren entscheiden; ein Teilurteil ist nach der ständigen Praxis des RG. unzulässig[4]). Aber statt Widerklage zu erheben[5]), kann der Beklagte durch einfachen Antrag Schuldigerklärung auch des andern Teils begehren, § 1574 III, und dazu Gründe benützen, die infolge Verzeihung (§ 1570) oder Fristablaufs (§ 1571) selbständig nicht mehr geltend gemacht werden könnten, dafern sie nur bestanden, als der Beklagte seinen Scheidungsgrund erhielt; es wird eine Art Aufrechnungslage konstruiert[6]). Der einfache Antrag verhindert, was vielleicht aus religiösen Bedenken erwünscht erscheinen muß, daß bei Abweisung der Klage auf die Widerklage hin geschieden werden kann.

VI. Außer den allgemeinen gelten noch besondere Gründe für das Erlöschen des Scheidungsrechts:

1. Die p r o z e s s u a l e K o n s u m p t i o n, ZPO. § 616; der Kläger, der mit einer Scheidungsklage abgewiesen ist, kann auch aus einem andern Grunde die Scheidung

---

[1]) So auch der Antrag LÜDERS u. Gen., Köln. Ztg. 21. Juli 1922. Ähnlich schon Schweiz. ZGB. § 142, Eheges. der Tschechoslowakei v. 22. 5. 1919, sowie das am 1. 1. 1921 in Kraft getretene schwedische Ehegesetz.

[2]) Allein von 1919 auf 1920 betrug die Steigerung 66%, im Jahre vorher 65%; auf eine Million Seelen kamen 1913: 26,6, 1920 jedoch 59,1 Scheidungen. Vgl. DJZ. 1922, S. 422.

[3]) Eine Übersicht über die Reformliteratur gibt A. B. SCHMIDT in DJZ. 1922, S. 214f.

[4]) RG. Bd. 58, S. 307; JW. 1913, 141; Bd. 94, S. 153, Bd. 104, S. 294.

[5]) Oder auch wenn die Widerklage in der ersten Instanz abgewiesen wurde, RG. JW. 1904, S. 235.

[6]) Dazu jetzt RG. Bd. 104, S. 88 mit Lit.

nicht mehr begehren, wenn er diesen in dem erledigten Verfahren vergeblich geltend gemacht hat oder doch geltend machen konnte: das gleiche gilt vom Beklagten, wenn er die Möglichkeit der Widerklage hatte.

2. Bei allen Verschuldensgründen tritt Erlöschen ein durch Verzeihung, § 1570. Das ist nicht etwa ein nach außen projizierter Vorgang des reinen Gefühlslebens, denn ein Ehegatte kann eine Ehewidrigkeit verzeihen, über die er innerlich nie hinwegkommt, und umgekehrt braucht nicht verziehen zu haben, wer im Herzen ganz unberührt geblieben ist. Vielmehr ist die Verzeihung ein Rechtsgeschäft, allerdings intimsten Charakters und daher wohl nur beschränkt an die Regeln des allgemeinen Teils gebunden; auch ein Geschäftsbeschränkter kann verzeihen, dafern er nur den natürlichen Willen zu haben fähig ist. Ein Irrtum in der Verzeihung ist überhaupt kaum denkbar; hat der Verzeihende über die Schwere der Schuld geirrt, so hat er noch gar nicht voll verziehen. Auch die Frage, ob neben der Verzeihung noch ein besonderer rechtsgeschäftlicher Verzicht möglich ist, dürfte zu verneinen sein.

3. Fristablauf, § 1571; eine Sechsmonatsfrist läuft a tempore scientiae, eine objektive zehnjährige vom Scheidungsgrund an. Aufhebung der häuslichen Gemeinschaft hemmt den Lauf der Frist, § 1571 II; der unschuldige Ehegatte braucht also, solange er getrennt lebt, den Verlust des Scheidungsrechts nicht zu befürchten; um nicht zu lange hingehalten zu werden, kann ihm der andere Teil zur Herstellung der häuslichen Gemeinschaft oder zur Erhebung der Scheidungsklage eine Frist setzen. — Präkludierte Scheidungsgründe können im Laufe eines Prozesses, der aus anderem Grunde begonnen worden, immer noch geltend gemacht werden, wenn sie nur z. Z. der Klageerhebung noch nicht ausgeschlossen waren, § 1572, und später noch als „Illustrationsfakten", § 1573.

VII. Die Scheidungswirkungen treten für die Zukunft mit der Rechtskraft des Urteils ein; der Randvermerk im Heiratsregister (PStG. § 55) hat nur deklaratorische Bedeutung. Gewisse Vorwirkungen, insbesondere erbrechtliche, hat auch schon die rechtmäßig erhobene Scheidungsklage, §§ 1933, 2077. Die allgemeinen Wirkungen, die die Scheidung mit den andern Eheauflösungsgründen gemeinsam hat, wie Aufhören der ehelichen Lebensgemeinschaft, des Güterstands, Verlust des Wohnsitzes (§ 10), des Erb- und Pflichtteilsrechts sind hier weiter nicht zu verfolgen. Von besonderem Interesse sind aber folgende spezifischen Scheidungswirkungen:

1. Hinsichtlich des Namensrechts: Prinzipiell hat die Frau das Recht, den Namen des Mannes fortzuführen, oder aber ihren Mädchennamen mit dem Zusatz „Frau" wiederanzunehmen, oder einen in früherer Ehe geführten Namen; ist sie aber für allein schuldig erklärt, so darf sie das letztere nicht und kann ihr der Mann die Führung seines Namens untersagen, § 1577. Näheres vgl. Preuss. AG. 68, Bayr. VO. 24. 12. 1899 § 15 usw.

2. Hinsichtlich der Unterhaltspflicht trifft das BGB. eine sehr verwickelte Regelung[1]). Prinzipiell lastetdie Unterhaltspflicht auf dem allein für schuldig erklärten Ehegatten. a) Ist es der Mann, so hat er der Frau Unterhalt zu geben, wenn sie ihn nicht aus Vermögensrenten oder Arbeitseinkommen zu bestreiten vermag; letzteres wird aber bloß dann gerechnet, wenn eigne Erwerbstätigkeit der Frau in den Verhältnissen der Ehegatten üblich war (!); den Stamm des Vermögens braucht die Frau zunächst nicht anzugreifen (§ 1578 I). Dies ändert sich, sowie der Mann seinen standesgemäßen Unterhalt nicht mehr hat, oder minderjährigen Kindern oder einer zweiten Frau Unterhalt zu gewähren hat; dann ist er befreit, solange die geschiedene Frau noch Vermögen hat, § 1579 II; ist sie aller Mittel bar geworden, dann erst tritt wieder Unterhaltspflicht des Mannes unter Belassung seines Notbedarfs nach Billigkeit ein, § 1579 I. Diese Regelung ist äußerst hart gegen die Frau. b) Die allein für schuldig erklärte Frau braucht erst Unterhalt zu leisten, wenn der

[1]) Dazu Engelmann im „Recht" 1922 S. 33ff.

Mann weder Vermögen noch Einkommen hat, § 1578 II; ist sie selbst nicht voll leistungsfähig, so muß sie das geben, was ihren notdürftigen Unterhalt übersteigt (§ 1579 I). Hat sie wieder geheiratet, so kommt für die Bemessung ihrer Leistungsfähigkeit nicht nur ihr Vorbehaltsgut, sondern auch ihr Eingebrachtes und das ganze Gesamtgut einer Gütergemeinschaft in Betracht, §§ 1581 II, 1604. Die Unterhaltspflicht endet mit Tod oder Wiederverheiratung des Berechtigten, nicht des Verpflichteten, §§ 1581, 1582; jedoch muß sich in letzterem Falle der Berechtigte die Rente auf die Hälfte der letzten Einkünfte herabsetzen lassen, § 1582 II; dafür ist sie jetzt vom Schwanken der Leistungsfähigkeit nicht mehr berührbar, eine Art Pflichtteilsrente. Kapitalisierung kann aus wichtigem Grunde, z. B. Auswanderung, verlangt werden, § 1580 II.

3. Bei Scheidung wegen Geisteskrankheit können diese Grundsätze nur so zur Anwendung kommen, daß der Gesunde an Stelle des Schuldigen tritt, § 1583; der Geisteskranke muß jedenfalls materiell gesichert sein.

4. Über den Widerruf von Schenkungen spricht § 1584; er betrifft alle Schenkungen aus der Zeit des Brautstandes und der Ehe, auch Anstandsgeschenke, nur muß er binnen einem Jahre seit Rechtskraft des Scheidungsurteils und bei Lebzeiten beider Teile erklärt werden.

VIII. Stellung der Kinder. 1. Die Unterhaltspflicht wird von der Scheidung nicht beeinflußt, da sie ja auf Verwandtschaft und nicht auf Ehe beruht. Jedoch soll der Vater nicht die Lasten allein zu tragen haben, daher statuiert § 1585 eine Beitragspflicht der Frau, auch der unschuldig geschiedenen, zu erfüllen aus Vermögenseinkünften, Ertrag von Arbeit und Erwerbsgeschäft. Hat die Frau selbst die Personensorge, so muß sie trotzdem den Beitrag an den Vater abführen und erhält ihn mit dessen Unterhaltsbeitrag zurück; einbehalten darf sie ihn nur bei zu besorgender erheblicher Gefährdung (unbillig!).

2. Aber auch das persönliche Schicksal der Kinder ist aufs engste mit der Schuldfrage verquickt. Bei Schuldigsprechung eines Teils bekommt der andere die Kinder, bei Schuld beider steht die Sorge für die Person von Töchtern und Söhnen unter 6 Jahren der Mutter zu, von Söhnen über 6 Jahren dem Vater, § 1635. Das VG. darf allerdings abweichende Anordnungen treffen, wenn sie im Interesse des Kindes erforderlich sind, § 1635 I 2. Das Recht des Vaters zur Vertretung des Kindes sowie zur Nutznießung des Kindesvermögens bleibt unberührt, § 1635 II 1; auch behält der andere Ehegatte das Recht des Verkehrs mit dem Kinde, das ihm auch durch das VG. nicht ganz entzogen werden kann[1]). Abweichende Vereinbarungen kommen gelegentlich vor, entbinden aber nicht von den in § 1635 auferlegten Pflichten.

IX. Die Rücksicht auf den oben S. 15 dargelegten Standpunkt der katholischen Kirche bewog das Gesetz, die der separatio quoad thorum et mensam entsprechende Aufhebung der ehelichen Gemeinschaft (kürzer: Trennung) einzuführen. Es kann ein Ehegatte, der berechtigt wäre auf Scheidung zu klagen, statt dessen Trennung verlangen, § 1575 I. Doch kann der Beklagte seinerseits die Trennung verhindern, indem er den einfachen Antrag stellt, die Ehe zu scheiden, § 1575 I 2. Also kann auch das Trennungsbegehren stets zur Scheidung führen; nur formell ist der Gewissensberuhigung gedient. Den gleichen Antrag kann der Kläger, der mit der Scheidungsklage abgewiesen zu werden droht, gegen eine auf Trennung gerichtete Widerklage stellen. Auch nach dem Aufhebungsurteil kann es jeder der Ehegatten zur Scheidung treiben; er muß dazu einen neuen Prozeß anstrengen, den er allerdings von vornherein gewonnen hat, wenn der Beklagte nicht einwenden kann, die eheliche Gemeinschaft sei inzwischen wiederhergestellt worden, § 1576. Das Scheidungsurteil erhält hier seinen materiellen Inhalt aus der Trennung; nach-

[1]) Karlsruhe in OLG. 39, 26 mit Lit.

herige Verzeihung, Präklusion usw. werden nicht berücksichtigt. Über die Trennungswirkungen enthält das Gesetz nur den rätselvollen Satz, daß die Scheidungswirkungen eintreten, § 1586, aber mit zwei großen Ausnahmen: Die Eingehung einer neuen Ehe soll ausgeschlossen, die Vorschriften über Nichtigkeit und Anfechtbarkeit sollen nach wie vor anwendbar sein. Die entgegen § 1586 geschlossene Ehe ist also bigamisch, §§ 1309, 1326, StGB. § 171. Angesichts dessen und des Zwecks des Instituts ist es wohl ausgeschlossen, die getrennte Ehe als aufgelöst anzusehen (sehr str.). Die Scheidungswirkungen beschränken sich also auf das Getrenntleben, das Verbot der Namensführung (inkonsequent!), Wegfall des Wohnsitzes, des Erb- und Pflichtteilsrechts, Aufhören des Güterstands. Der letztere tritt auch nicht wieder ein, wenn die Ehegatten wieder zusammenleben, obwohl im übrigen durch diese einfache Tatsache die vollen Ehewirkungen wieder eintreten, § 1587. Die Gegner unserer Auffassung müssen dies folgerichtig als eine Umgehung der Eheschließungsformen, als neue Eheschließung ansehen (so in der Tat Opet, S. 429). Das ganze Institut ist eine Halbheit und hat wegen seiner inneren Widersprüche nur wenig Wurzel geschlagen.

X. Prozessual gelten für die Scheidungsklage ebenfalls die für die Ehesachen bestimmten Sonderregeln der ZPO. § 606ff. Ein Sühneversuch vor dem Amtsgericht mit persönlicher Beteiligung der Parteien ist, von Ausnahmen abgesehen, obligatorisch (§ 608). Eine besonders große Rolle spielen die einstweiligen Verfügungen des Prozeßgerichts (§ 627) zur Regelung der Unterhaltspflicht, des Getrenntlebens, des Prozeßkostenvorschusses usw. (sehr strittige Fragen).

§ 9. Eheleben.

I. Das BGB. trifft in §§ 1353ff. einige allgemeine Bestimmungen über die Ausgestaltung des ehelichen Gemeinschaftslebens. Es stellt zunächst den Leitsatz auf, daß die Ehegatten einander zur Herstellung der ehelichen Lebensgemeinschaft verpflichtet sind, § 1353; damit werden die ehelichen Pflichten unverkennbar als Rechtspflichten gekennzeichnet. Die aus dem persönlichen Verhältnis der Ehegatten entspringende Klage ist dementsprechend die Klage auf Herstellung des ehelichen Lebens, deren Besonderheit darin besteht, daß sie keiner irgendwie gearteten Vollstreckung zugänglich ist, ZPO. § 888 II, also auf eine rein moralische Urteilswirkung (abgesehen von den Kosten) abzielt, gegebenenfalls aber als Scheidungsvorbereitung Bedeutung gewinnt (s. oben S. 17, 3b). Durch diese Generalklage, deren Bezeichnung als „Herstellungsklage“ viel zu eng ist, wird der ganze fünfte Titel zusammengehalten, ebenso aber durch die leider generell für alle Ansprüche aus dem ehelichen Verhältnis verordnete Haftung für Sorgfalt wie in eigenen Angelegenheiten, § 1359. — Eine Aufzählung der sich aus der Lebensgemeinschaft ergebenden Einzelpflichten hat das Gesetz mit vollem Rechte unterlassen, hier sind die konkreten Verhältnisse maßgebend. Nur wenn sich die Rechtsausübung als Mißbrauch darstellen würde, ist der Herstellungsanspruch nicht gegeben, also z. B. bei ansteckender körperlicher Krankheit, auch geistiger, solange die Scheidungsmöglichkeit noch nicht besteht[1]); stets kann ein Ehegatte die ehelichen Pflichten weigern, wenn er auf Scheidung zu klagen berechtigt ist, § 1353 II 2.

Im Rahmen der so geschaffenen Gemeinschaft gesteht das BGB. dem Manne die Leitungsbefugnis zu, § 1354. Das ist konsequent gedacht vom historisch-soziologischen Standpunkt aus, wie ihn die Verfasser des BGB. vertraten, aber kein natürlich-sittliches Postulat (so noch Mot. IV S. 105). Es ist auch ein papiernes Recht in der Hand eines Ehemannes, der sich nicht durch die Reife seiner Persönlichkeit selbst ein

[1]) Ob Mangel einer standesgemäßen ehelichen Wohnung unter heutigen Verhältnissen ein Weigerungsgrund ist (so RG., JW. 18, S. 614) ist zu bezweifeln.

Übergewicht zu verschaffen weiß. Die Frau sollte nicht majorisiert werden können, außer wenn sie sich wider bessere Einsicht und aus einseitig egoistischen Gründen den berechtigten Wünschen des Mannes widersetzt; ebensowenig darf aber der Mann ohne Rücksicht auf berechtigte Interessen der Frau aus purem Eigennutz handeln, das wäre Mißbrauch, § 1354 II. Daß den Eheleuten so die rechte eheliche Gesinnung als ein Postulat des Rechts vor Augen geführt wird, ist zweifellos richtig; verfehlt erscheint nur die Verweisung solcher Sachen vor das Prozeßgericht, zumal im Hinblick auf § 888 II ZPO.; eher könnte man daran denken, den Vormundschaftsrichter als Vermittler einzusetzen. Das ehemännliche Entscheidungsrecht betrifft übrigens nur gemeinsame eheliche Angelegenheiten, vor allem Wohnort und Wohnung, Lebenshaltung, Kindererziehung (beachte aber § 1634!), nicht reine Frauensachen, wie Kleidung, Briefwechsel, Lektüre, politische Stellung usw.

II. Die Frau erhält den Namen des Mannes, § 1355. Einen Doppelnamen zu führen ist den beiden Ehegatten privatrechtlich nicht verwehrt. Ihren Mädchennamen behält die Frau insofern weiter, als sie auch dessen unbefugte Führung verbieten kann (Kohler, Arch. ziv. Prax. 107, S. 246; RG., JW. 1912, S. 338).

III. Eine Beschränkung der Handlungs- und Erwerbsfähigkeit der Frau hat die Ehe nicht zur Folge. Nur wenn eine Kollision vertragsmäßig übernommener Pflichten mit den ehelichen eintritt (nicht nur zu befürchten ist), kann der Mann die von seiner Frau eingegangenen Verträge einseitig lösen, § 1358. Voraussetzung ist dabei, daß es sich um eine in Person zu bewirkende Leistung (aus Dienstvertrag, Gesellschaft) handelt, die Eheleute in häuslicher Gemeinschaft leben, und der Mann nicht etwa zugestimmt hat. Will die Frau sicher gehen, so mag sie die mißbräuchlich verweigerte Zustimmung durch das VG. ersetzen lassen, § 1358 II 2.

IV. Der ehelichen als der engsten Lebensgemeinschaft entspricht die denkbar weitestgehende Unterhaltspflicht. In erster Linie ist der Mann der Frau unterhaltspflichtig, ohne Rücksicht auf ihre Bedürftigkeit und seinen eigenen Unterhalt: er muß alles, was er hat, mit ihr teilen, und zwar nach seiner Lebensstellung; insoweit, kann man sagen, tritt die Frau noch heute in den Stand des Mannes. Der Unterhalt ist grundsätzlich in natura zu leisten, § 1360; praktisch wird natürlich meist Haushaltsgeld gegeben (vgl. § 669), aber ein Recht auf Zahlung von festen Geldrenten gewinnt die Frau erst, wenn einer der Ehegatten die Herstellung der ehelichen Gemeinschaft mit Recht verweigert, § 1361, vor allem bei Vorliegen eines Scheidungsgrundes oder auf Grund einstweiliger Verfügung. In solchem Falle ist vierteljährlich im voraus zu alimentieren (Beschränkung § 1361 II), und der Mann ferner zur Überlassung von Haushaltungsgegenständen an die Frau unter den in § 1361 I 2 näher erläuterten Umständen verpflichtet, gleichgültig ob sie ihm oder der Frau (§ 1373) gehören. Die Unterhaltspflicht der Frau ist geringer, § 1360 II.

V. Die Frau ist berechtigt und verpflichtet, im Rahmen der ehemännlichen Entscheidungsgewalt das Hauswesen zu leiten, § 1356, und hat, soweit dies in den Verhältnissen der Eheleute üblich ist, im Hauswesen und Geschäfte des Mannes selbst mitzuarbeiten. Die materielle Unterlage der Hausleitung gibt ihr die Schlüsselgewalt des § 1357, ein gesetzliches Geschäftsführungs- und Vertretungsrecht, das aus der personenrechtlichen Stellung der Frau fließt, also auch nur ihr, nicht der Haushälterin, zusteht. Die Schlüsselgewalt besteht im Rahmen des häuslichen Wirkungskreises, also nicht unter getrennt lebenden Eheleuten; sie umfaßt Geschäfte des Mannes, auch die, die ihm aus der Unterhaltspflicht erwachsen, wie Nahrung, Bekleidung, Einrichtung, Arztkosten für Frau und Kinder, Schule, Dienstverträge mit häuslichem Gesinde usw. Im Innenverhältnis gelten Auftragsgrundsätze analog, nach außen hin wird nicht die Frau, sondern nur der Mann berechtigt und verpflichtet (höchst anfechtbar)[1], außer wenn den äußerlich

---

[1]) Dazu Rabel, Rhein. Zeitschr. 1919, S. 112ff.

erkennbaren Umständen nach der Rahmen der Schlüsselgewalt gesprengt ist, also nicht nur wenn internen Weisungen des Mannes keine Folge geleistet ist. Um sich vor letzterem zu schützen, kann der Mann die Schlüsselgewalt entziehen oder beschränken, z. B. auf Bargeschäfte, und zwar zunächst durch formfreie Erklärung an die Frau, an Dritte oder an die Allgemeinheit. Dritte brauchen freilich den neuen Rechtszustand nur gegen sich gelten zu lassen, wenn er auf Antrag des Mannes (§ 1561) ins Güterrechtsregister eingetragen worden ist (§ 1435).

VI. Endlich ergibt sich aus der Enge des ehelichen Zusammenlebens die Notwendigkeit, die Eigentumsverhältnisse durch (widerlegbare) Vermutungen zu regeln. Das tat schon die praesumptio Muciana des gemeinen Rechts. Im BGB. gelten zwei Vermutungen:

1. Die beweglichen Sachen, Inhaber- und blankindossierten Orderpapiere, die sich im Besitz eines der Ehegatten befinden, gelten, auch wenn sie sich im Alleinbesitze der Frau befinden (in einem von ihr geleiteten Bureau) als Eigentum des Mannes, und zwar nur dessen Gläubigern gegenüber. Das ist vor allem wichtig in der Zwangsvollstreckung: Die Frau muß, wenn sie Widerspruch erheben will (§ 771 ZPO.), erst die Vermutung des § 1362 widerlegen. Jedoch dürfen die Verfahrensvorschriften nicht verletzt werden, namentlich ZPO. §§ 808, 809: Besitzt die Frau, so muß, wenn sie nicht herausgabebereit ist, der Herausgabeanspruch des Mannes gepfändet werden, § 846 ZPO., aber auch hier ist die Frau durch § 1362 zum Gegenbeweis genötigt. Die Vermutung gilt nicht im Verhältnisse der Ehegatten zueinander, z. B. bei der Auseinandersetzung, oder zugunsten des Mannes im Konkurse der Frau. Im Konkurse des Mannes ist der Gedanke des § 1362 durch KO. § 45 erweitert: Die Frau muß beweisen, daß die Sachen ihr gehören, und vor der Ehe oder während der Ehe, dann aber nicht mit Mitteln des Gemeinschuldners, angeschafft worden sind.

2. Für Sachen, die zum ausschließlichen persönlichen Gebrauch der Frau bestimmt sind (Schmucksachen, Kleider, Arbeitsgeräte), gilt die gegenteilige Vermutung. Sie werden als Eigentum der Frau vermutet, gleichgültig in wessen Besitz sie sich befinden, § 1362 II. Diese Vermutung gilt aber auch im Verhältnis der Eheleute zueinander, z. B. bei der Auseinandersetzung — ein Rest des alten Geradeprinzips.

II. Eheliches Güterrecht.

§ 10. Gesetzlicher und vertraglicher Güterstand. Das Güterrechtsregister.

I. Die Schwierigkeiten bei der Gesetzgebung auf dem Gebiete des Ehegüterrechts waren andere als beim persönlichen Eherecht. Deutschland war übersponnen von einem Netz zahlreicher untereinander sehr verschiedener Güterstände, man zählte am Ende des 19. Jahrhunderts über 100, die alle Schattierungen von der vollkommenen Trennung der Gütermassen (römisches Dotalrecht, z. B. in Braunschweig) bis zu ihrer völligen Verbindung (allgemeine Gütergemeinschaft, z. B. in Ost- und Westpreußen, Posen, Westfalen, Bremen, Hamburg) aufwiesen. Man wollte nun weder auf die Rechtseinheit verzichten, und zum preußischen Regionalsystem sich bekennen, wonach jeder Landschaft ihr Güterrecht blieb, noch die angestammten Güterrechte durch völlige Uniformierung vergewaltigen, und wählte daher den Ausweg, einen Güterstand zum gesetzlichen zu erheben, der, wenn nicht besondere Ausschlußgründe vorliegen, automatisch in jeder Ehe eintritt, daneben andere Güterstände zur Wahl zu stellen, so daß sie jederzeit durch Abschluß eines Ehevertrags eingeführt werden können.

1. Zum gesetzlichen Güterstand erhob man die Verwaltung und Nutznießung des Mannes am eingebrachten Gut der Frau (Nutzverwaltung, NV., schlecht sog. Verwaltungsgemeinschaft, denn die Verwaltung

ist ja gerade nicht gemeinschaftlich). Die Güter des Mannes und der Frau bleiben hier dem Eigentume nach getrennt, verschmelzen aber zu einer Verwaltungseinheit in der Hand des Mannes. Die Wahl dieses Güterstandes ist schon bei den Beratungen des Gesetzes lebhaft bekämpft worden, und dürfte heute in der Tat schwer mehr zu rechtfertigen sein. Die Unfähigkeit der Frau, ihre Vermögensangelegenheiten selbst zu besorgen, besteht heute generell nicht mehr, und bestände sie noch, so wäre es eine schöne Aufgabe der Volkserziehung, dem abzuhelfen. Die Einführung der gesetzlichen Gütertrennung würde niemandes wohlerworbene Rechte kränken, und die Möglichkeit einer engeren Verbindung durch einen Ehevertrag oder freiwillige Überlassung der Verwaltung könnte ja bestehen bleiben. Ein Ehevertrag, der zur Gütertrennung führt, kann leicht als Mißtrauensvotum gegen den Mann aufgefaßt werden, einer, der aus ihr herausführt, niemals. Wahre Vertragsfreiheit besteht auf diesem Gebiete solange nicht, als die Ehegatten auch ohne Abschluß eines Ehevertrags in ein Netz von Verpflichtungen verstrickt werden können. Andererseits aber erfüllt der gesetzliche Güterstand nicht einmal die Aufgabe, der Frau bei Auflösung der Ehe einen Anteil an der ehelichen Errungenschaft zu gewähren, der ihr doch als Anerkennung des wirtschaftlichen Wertes auch der Hausfrauenarbeit zweifellos gebührt.

2. Ist der gesetzliche Güterstand der NV. durch Gesetz, §§ 1364, 1587, oder schlicht negativen Ehevertrag ausgeschlossen, so tritt an seine Stelle der subsidiäre gesetzliche Güterstand der Gütertrennung. Auf ihn kann aber auch durch positiven Ehevertrag abgestellt werden.

3. Nur durch Ehevertrag kann ausbedungen werden die Gütergemeinschaft in ihren drei Formen der allgemeinen Gütergemeinschaft, der Errungenschafts- und der Fahrnisgemeinschaft.

4. Die in Deutschland bestehenden Güterrechte blieben für ältere Ehen an sich in Kraft, EGBGB. Art. 200; doch sind in fast allen Ländern Überleitungsvorschriften erlassen worden, wodurch die lokalen Güterstände in die nächstgelegenen des BGB. übergeleitet wurden, z B. die rhein. Fahrnisgemeinschaft des Code civil in die FahrnG. des BGB. (mit einigen Besonderheiten, vgl. Preuß. AG. §§ 44ff., insb. §§ 58ff.; Bayer. Ges. v. 9. 6. 1899, Art. 19ff.).

II. Ehevertrag[1]) ist also ein Vertrag, durch den Eheleute oder Verlobte ihr Güterrecht regeln.

1. Der Ehevertrag kann vor oder nach der Eheschließung geschlossen werden, § 1432, Formerfordernis ist gleichzeitige Anwesenheit der Vertragsparteien oder ihrer Vertreter (§ 181) vor Richter oder Notar, § 1434. Gesetzliche Vertretung ist ausgeschlossen bei allgemeiner Gütergemeinschaft, § 1437, und Fahrnisgemeinschaft, §1549.

2. Für den Ehevertrag gilt beschränkte Vertragsfreiheit. Er kann entweder die Geltung des gesetzlichen Güterstands bestätigen, dann dient er in der Regel der Ausfüllung dispositiver Gesetzesnormen (Bestimmung von Gegenständen zu Vorbehaltsgut, § 1368, Ausschluß des freien Verfügungsrechts des Mannes, § 1376, Bestimmung über ein Erwerbsgeschäft der Frau usw.). Oder er kann — negativ — den gesetzlichen oder einen vertragsmäßigen Güterstand aufheben, dann gilt Gütertrennung, § 1436; oder er kann — positiv — Gütertrennung oder einen Gemeinschaftsgüterstand einführen oder aus einem solchen wieder zum gesetzlichen Güterstand zurückleiten. Unzulässig ist Schaffung eines Güterstandes durch Verweisung auf älteres oder ausländisches Recht, mit einer in § 1433 II geregelten Ausnahme. Auch die Schaffung eines Phantasiegüterstandes ist nur in äußerst beschränktem Umfange zulässig; es darf weder eine zwingende Norm des BGB. verletzt, noch der ausgesprochene Charakter eines Güterstandes geändert werden, z. B. Verwaltungsrecht der Frau eingeführt werden — dadurch würde der numerus clausus der ding-

[1]) v. Baligand, Der Ehevertrag, München 1906.

lichen Rechte durchbrochen und ein Fall der Universalsukzession herbeigeführt werden, den das Gesetz nicht kennt; oder der Frau die Verfügung über ihr Vorbehaltsgut entzogen (§ 1371) oder die Haftung des eingebrachten Gutes ausgeschlossen werden.

III. Der Ehevertrag bedarf zu seinem Zustandekommen außer der soeben beschriebenen Formen keiner weiteren Eintragung in ein Register. Das Gesetz gibt aber die Möglichkeit, ihnen auf Antrag der Ehegatten durch Verlautbarung im Güterrechtsregister (GRReg.) erhöhte Wirksamkeit Dritten gegenüber zu verleihen.

1. Das GRReg. wird von den Amtsgerichten geführt; zuständig ist das Gericht am Wohnsitze des Mannes (Näheres §§ 1558, 1559). Eintragungen erfolgen nur auf Antrag und im beantragten Umfange, § 1560; ein Zwang zur Stellung des Antrags wird nicht geübt. Antragsberechtigt sind:

a) in der Regel beide Ehegatten, § 1561 II, einer ist dem andern zur Mitwirkung verpflichtet. So z. B. auch, wenn gesetzliches Vorbehaltsgut oder Vorbehaltsgut nach § 1369 eingetragen werden soll.

b) Der Antrag eines der Ehegatten genügt, wenn der Ehevertrag mit dem Antrag vorgelegt wird, oder das Rechtskraftzeugnis über eine den Güterstand regelnde Entscheidung (z. B. aus § 1418, 1426); oder wenn Neueintragung bei Wohnsitzverlegung begehrt wird, § 1561 III.

c) Der Antrag des Mannes genügt bei der Beschränkung oder Entziehung der Schlüsselgewalt, § 1357, beim Einspruch gegen den Betrieb eines Erwerbsgeschäfts, § 1405, sowie beim Widerruf der Einwilligung dazu, § 1561 I.

2. Das GRReg. ist öffentlich und die Eintragungen sind zu veröffentlichen, §§ 1562, 1563.

3. Die materielle Wirksamkeit des Registereintrags ergibt sich aus § 1435. Eine eintragbare Tatsache kann, solange sie nicht eingetragen ist, einem Dritten nicht entgegengehalten werden, wenn er sie nicht positiv kannte. Wer also in diesem Sinne redlich ist, kontrahiert gültig mit einem der Ehegatten, auch wenn in Wirklichkeit ein anderes als das eingetragene Güterrechtsverhältnis besteht. Solange also nichts eingetragen ist, kann sich der Dritte auf das Bestehen des gesetzlichen Güterstands verlassen und erwirbt gültig verbrauchbare Sachen der Frau, über die der Mann verfügt, auch wenn die Gatten einen nicht verlautbarten Ehevertrag auf Gütertrennung geschlossen hatten. Solange Gütertrennung eingetragen ist, kann der redliche Dritte ruhig Zinsen an die Frau bezahlen und wird befreit, auch wenn die Gütertrennung unter den Ehegatten aufgehoben ist; solange allgemeine Gütergemeinschaft eingetragen ist, erwirbt der Dritte, der der Frau mit Zustimmung des Mannes ein Darlehen gibt, eine persönliche Forderung auch gegen den Mann (§ 1459 II) ohne daß ihm die Aufhebung der Gütergemeinschaft entgegengesetzt werden könnte; ja sogar das Gesamtgut besteht ihm gegenüber weiter, § 1459 I; die Rechtslage ist ähnlich wie bei § 1344, oben S. 13).

Diesen Schutz gibt es aber nur bei Rechtsgeschäften und Urteilen, nicht auch bei Vollstreckungshandlungen und gesetzlichen Tatbeständen oder Delikten; hier gelten stets die tatsächlichen Verhältnisse; er versagt ferner, wenn die eingetragene Tatsache selbst niemals dem wahren Sachverhalt entsprochen hat, der eingetragene Gütertrennungsvertrag etwa wegen Formmangels nichtig war; das GRReg. genießt also keinen öffentlichen Glauben, sondern nur die sog. negative Publizität, wie das Handels- und Vereinsregister; nur dem Schweigen des Registers darf man trauen, seinem positiven Inhalt nur, wenn es sich um das Fortbestehen, nicht wenn es sich um das Entstehen eines Güterstandes handelt.

§ 11. Gesetzlicher Güterstand.

I. Gesetzlicher Güterstand ist die Verwaltung und Nutznießung des Mannes am Vermögen der Frau, kurz Nutzverwaltung, NV. Die Vermögensmassen der

Eheleute bleiben dabei der Zuständigkeit nach getrennt. Das Vermögen des Mannes wird durch diesen Güterstand überhaupt nicht berührt; es unterliegt weiterhin vollständig seiner freien Verfügung und Verwaltung. Weder die Frau noch ihre Gläubiger gewinnen irgendwelche Rechte daran. Im Vermögen der Frau hingegen sind zwei Massen zu scheiden: Den Grundstock bildet das eingebrachte Gut der Frau; es tritt unter die Verwaltung des Mannes, und die Nutzungen dieses Gutes fließen in sein Vermögen. Eingebrachtes Gut ist alles, was die Frau in die Ehe mitbringt, aber auch das, was sie während der Ehe erwirbt; in beiden Fällen ist jedoch dasjenige auszunehmen, was Vorbehaltsgut der Frau wird. Dieses bleibt zu völlig freier Verfügung und Nutzung der Frau. Ebenso wie die Vermögensmassen sind auch die Passiva getrennt: Für Mannesschulden haftet nur das Mannesvermögen, für Frauenschulden das Frauengut, und zwar unbedingt das Vorbehaltsgut, das Eingebrachte nur unter den unten VI 2 zu erörternden Voraussetzungen. Die Frau haftet für Mannesschulden niemals, der Mann nur in wenigen Fällen für Frauenschulden persönlich als Gesamtschuldner, § 1388. Die Geschäfts- und Prozeßfähigkeit der Ehegatten bleibt unbeschränkt, nur erleidet die Frau eine Einbuße an Verfügungsmacht (§ 1395) und Prozeßführungsrecht (§ 1380).

II. Vorbehaltsgut ist dasjenige Vermögen der Frau, das der NV. des Mannes nicht unterworfen ist, § 1365. Vorbehaltsgut kann sich auf verschiedenen Wegen bilden:

1. Gewisse Gegenstände gehören kraft Gesetzes dazu, nämlich:

a) Die ausschließlich zum persönlichen Gebrauche bestimmten Individualsachen der Frau. Das Gesetz nennt als Beispiele Kleider, Schmucksachen und Arbeitsgeräte; auch hier lebt der alte Gedanke der Gerade wenigstens in eingeschränkter Form noch fort. Die Sachen müssen also objektiv zum Gebrauche durch die Frau geeignet (Damenfahrrad) und subjektiv dazu bestimmt sein, und zwar zu ihrem ausschließlichen, was schon dann nicht der Fall ist, wenn die Sache zugleich Einrichtungsstück ist (Klavier).

b) Der Arbeitsverdienst, den die Frau während der Ehe erwirbt; dadurch sichert das Gesetz der erwerbstätigen Frau ihre wirtschaftliche Selbständigkeit und verwandelt in einer vermögenslosen Ehe die Nutzverwaltung faktisch in Gütertrennung.

c) Vorbehaltsgut wird, was die Frau durch den selbständigen Betrieb eines Erwerbsgeschäftes verdient, d. h. durch den auf ihren Namen geführten, nicht unbedingt von ihr persönlich geleiteten, auch Betrieb durch einen Prokuristen, ja sogar durch den Mann als Prokuristen begründet die Vorbehaltseigenschaft; nur muß in der Tat betrieben werden; Erwerb durch Beteiligung an einer stillen Gesellschaft oder Aktiengesellschaft wird nicht Vorbehaltsgut. Ebenso gehört zum eingebrachten Gut das Erwerbsgeschäft selbst, d. h. das Geschäftsinventar, die Warenvorräte und Kassenbestände — eine vom Gesetz gebotene Konsequenz[1]), die freilich zu unpraktischen Ergebnissen führt: Die Frau kann nun nicht mehr über die Geschäftsaktiven ihres eigenen Geschäfts verfügen, muß sich vielmehr gefallen lassen, daß der Mann ihr z. B. durch Veräußerung ihrer Lagerbestände (§§ 1376 Z. 1, 92 II) den Betrieb praktisch nahezu unmöglich macht, wiewohl er rechtlich auf Umschreibung des Geschäfts auf seinen Namen keinen Anspruch hat (RG. 59, S. 32). Hat allerdings die Frau das Geschäft einmal (nach HGB. § 22 II) auf den Mann übertragen, so liegt wohl hierin eine ausdrückliche unwiderrufliche Ermächtigung zum Geschäftsbetrieb in seinem eignen Namen; die Frau kann nicht anders wieder zu ihrem Geschäfte kommen, als daß sie die ganze NV. aufheben läßt (§ 1418).

2. Ferner können auch kraft Rechtsgeschäfts Gegenstände zu Vorbehaltsgut erklärt werden, und zwar:

---

[1]) A. M. Dernburg, IV, S. 144; Hachenburg, Vortr. S. 391 und im Komm. z. HGB. I, S. 55ff.

a) zwischen den Ehegatten selbst durch Abschluß eines Ehevertrags, § 1368, dann liegt partielle und, wenn das ganze gegenwärtige und zukünftige Vermögen der Ehefrau (außer Erbschaften, § 312) zu Vorbehaltsgut erklärt wird, sogar totale Gütertrennung vor; Dritten gegenüber wirkt dies wieder nur nach § 1435.

b) Einseitig kann die Bestimmung zu Vorbehaltsgut erfolgen von einem Erblasser in letztwilliger Verfügung bei der Zuwendung als Erbschaft, Vermächtnis oder Pflichtteil, § 1369, oder unter Lebenden als Geschenk, und zwar auch schon vor der Ehe (bestr.).

3. Endlich gehört auch zum Vorbehaltsgut, was kraft Surrogation für vorhandenes Vorbehaltsgut erworben wird (§ 1370): also auf Grund eines zum Vorbehaltsgut gehörenden Rechtes (Mietzinsen eines Vorbehaltsgrundstücks), durch ein Rechtsgeschäft, das sich auf Vorbehaltsgut bezieht (nachgeschaffte Waren, Versicherungssumme, Ansprüche auf Lieferung persönlicher Gebrauchsgegenstände) oder als Ersatz für entzogenes, zerstörtes, beschädigtes Vorbehaltsgut, und wohl auch Ansprüche der Frau aus unerlaubter Handlung, wenn sie sich auch gegen ihre Person richtete (Schmerzensgeld, vgl. OLG. 18, S. 75).

4. Das Vorbehaltsgut wird von der Frau völlig frei verwaltet und genutzt, wie ihr Vermögen bei Gütertrennung. Nur muß sie zur Bestreitung der ehelichen Lasten (§ 1389) einen Beitrag leisten, § 1371, wenn die Nutzungen des Eingebrachten dazu nicht voll ausreichen. Auch kann sie ihr Vorbehaltsgut dem Manne zur Verwaltung freiwillig überlassen (§ 1430). Da das Vorbehaltsgut eine Sonderstellung genießt, trifft den, der die Zugehörigkeit einer Sache zum Vorbehaltsgut behauptet, die Beweislast: redlichen Dritten gegenüber wirkt sie nur auf Grund Eintragung im GRReg.

III. Der Mann hat an eingebrachtem Gute der Frau Verwaltung und Nutznießung. Das ist ein dinglich, und zwar nießbräuchlich ausgestaltetes Herrschaftsrecht, ein Recht am eingebrachten Gute, aber vom Nießbrauch des Sachenrechts unterschieden durch seinen familienhaften, höchstpersönlichen Charakter. Ähnlich wie der Nießbrauch ist indessen die NV. als solche unübertragbar, § 1408, nur die Ausübung einzelner Teilbefugnisse kann anderen auf Zeit, etwa durch Verpachtung, Vermietung, übertragen werden. Daraus erfolgt die Unbelastbarkeit der NV. (§ 1069 II, 1274 II) und die Unpfändbarkeit des Mannesrechts, die in ZPO. § 861 noch ausdrücklich festgelegt ist und sich in gewissem Umfange sogar auf die vom Manne erworbenen Früchte des Frauenguts erstreckt. Auch der Konkurs des Mannes ergreift des eingebrachte Gut nicht, KO. § 1, beendigt vielmehr die NV., § 1419; umgekehrt gehört das eingebrachte Gut zur Konkursmasse der Frau. Leider hat das Gesetz in einem Punkte die vollen Konsequenzen seiner Auffassung nicht gezogen, indem es bei eintretender Geschäftsunfähigkeit oder Geschäftsbeschränktheit des Mannes seinen Vormund mit der Wahrnehmung seiner Rechte betraut.

Die Entmündigung gibt nämlich keinen Endigungsgrund, sondern nur einen Grund für die Aufhebungsklage der Frau ab, § 1418 Z. 3. Wird diese selbst zum Vormund bestellt, so verwaltet sie nunmehr unnatürlicherweise als Vertreterin des Mannes ihr eigenes Vermögen; wird ein Fremder Vormund, so kann die Lage der Frau unerträglich verschlechtert werden, zumal ihr der Vormund ja auch bei der Aufhebungsklage die größten Schwierigkeiten machen kann. Man hätte ihr in solchen Fällen die Verwaltung zu eignem Recht zurückgeben sollen.

Einzelne Ausflüsse der Rechtsstellung des Mannes stellen dar:

1. Das Besitznahmerecht, § 1373. Damit soll dem Manne nicht die Befugnis gegeben werden, mit Gewalt den Besitz der Frau zu brechen; er darf den Besitz ohne, aber nicht gegen ihren Willen an sich ziehen, sonst begeht er verbotene Eigenmacht; er ist also auf den Rechtsweg angewiesen, wenn er sein Recht zum Besitz in tatsächliche Sachherrschaft verwandeln will. Auch zerstört der Mannesbesitz den Besitz der Frau nicht vollständig; sie bleibt wenigstens mittelbare Besitzerin (nicht Mitbesitzerin! vgl. RGKomm. § 1373 A. 4), und ihr Besitz wächst sich wieder

zum unmittelbaren aus, wenn der Mann den seinen aufgibt, z. B. von ihr wegzieht.

2. Das Verwaltungsrecht äußert sich in folgenden Richtungen:

a) Der Mann darf am eingebrachten Gut alle zu dessen Verwaltung dienlichen Handlungen vornehmen. Nur in bezug auf Verfügungen über das eingebrachte Gut ist er prinzipiell an die Zustimmung der Frau gebunden, § 1375. Er darf weder Eingebrachtes veräußern noch belasten noch Rechte der Frau aufgeben. Tut er es trotzdem, so kann die im eigenen Namen vorgenommene Verfügung durch nachträgliche Genehmigung der Frau (§ 185) unbeschränkt (anders § 1398!) wirksam werden; bleibt sie unwirksam, so kann die Frau ihr Gut mit der revokatorischen Klage (§ 1407 Z. 3) ohne Zustimmung des Mannes zurückfordern; haben gutgläubige Dritte Eigentum an einer Fahrnissache erworben, § 932, so macht der Mann sich der Frau schadensersatzpflichtig, und zwar, wenn er sich nicht etwa zur Veräußerung befugt halten durfte, nach Deliktsrecht, § 823. Handelt der Mann — und bei Grundstücken ist dies wegen des auf den Namen der Frau lautenden Grundbucheintrags die einzige Möglichkeit — im Namen der Frau[1]), so gelten die Vorschriften über unbefugte Stellvertretung, § 177ff. Ist eine solche Verfügung zur ordnungsmäßigen Verwaltung des eingebrachten Gutes aus wirtschaftlichen Gründen erforderlich, so kann der Mann Ersatz der grundlos verweigerten Zustimmung durch das VG. verlangen, § 1379.

b) Ausnahmen, die dem Manne Verfügungsrecht über Gegenstände des eingebrachten Gutes geben, enthält § 1376. Über das Geld und andere verbrauchbare Sachen, also auch Bestände eines Warenlagers, § 92 II, kann der Mann frei verfügen, ebenso kann er mit Forderungen der Frau gegen solche Forderungen aufrechnen, deren Berichtigung aus dem eingebrachten Gut verlangt werden kann, und endlich kann er die Verpflichtung der Frau zur Leistung einer eingebrachten Sache, die ja nach § 1399 für alle Fälle wirksam ist, durch Auslieferung dieser Sache an den Gläubiger erfüllen. Da hier ein Erwerb kraft ausnahmsweise verliehenen Verfügungsrechts vorliegt, schützen den Erwerber die gewöhnlichen sachenrechtlichen Vorschriften (§§ 892, 932) nicht, wenn die Verfügungsmacht etwa wegen Nichtigkeit der Ehe nicht besteht (wohl aber greift u. U. § 1344 ein, s. o. § 6 IV 1). Über nicht verbrauchbare Sachen kann der Mann im Rahmen ordentlicher Wirtschaft verfügen, wenn sie zum Inventar eines Grundstücks gehören, §§ 1378, 1048.

c) Verpflichtungsgeschäfte kann der Mann nicht ohne weiteres mit Wirkung gegen die Frau abschließen, § 1375. Handelt er im eignen Namen, so wird nur er berechtigt und verpflichtet; handelt er im Namen der Frau, so genügt ihre Zustimmung, um die vollen Geschäftswirkungen in ihrer Person eintreten zu lassen[2]), und diese Zustimmung muß wie die zu Verfügungen nach § 1379 ersetzbar sein. Handelt er ohne jede Zustimmung, so gelten wieder die Regeln der unbefugten Vertretung. Für einen wichtigen Fall, Vermietung oder Verpachtung eines zum eingebrachten Gut gehörigen Grundstücks, erleichtert § 1423 dem Mann den Abschluß im eigenen Namen: die Frau tritt hier kraft Gesetzes in den von ihm geschlossenen Vertrag ein, § 1056, 571ff.; nur ist der Mieter, wenn sie auch noch zugestimmt hat, auch vor der Ausübung des in § 1056 gewährten gesetzlichen Kündigungsrechts sicher und eine solche Zustimmung wird in den meisten Fällen als stillschweigende zu unterstellen sein[3]).

---

[1]) Diese Möglichkeit, daß der Mann im Namen der Frau verfügt, wird zu Unrecht geleugnet von Cosack, § 322 A. 4; Hellwig, Anspruch und Klagrecht, S. 299; Wolff, Fam.R., S. 181. Vgl. aber Siber, Dogm. Jahrb. 67, 142; v. Tuhr, Allg. Teil I, 65.

[2]) Allerdings beschränkt sich die Verpflichtungswirkung dann wohl auf das eingebrachte Gut; zur Verhaftung des Vorbehaltsguts bedarf es immer der besonderen Vollmacht, die nicht schon in jener Zustimmung zu finden ist. So Siber a. a. O. 150. (bestr.)

[3]) Nussbaum, Nießbrauchsrecht, 1919, S. 53.

d) Der Mann ist legitimiert zur Empfangnahme einseitiger Willenserklärungen, die sich auf den Aktivbestand des eingebrachten Guts beziehen, § 1403, z. B. Anfechtung einer Übereignung an die Frau, Kündigung eines Schuldners; einseitige Geschäfte, die sich auf die Passiva des eingebrachten Gutes beziehen, z. B. Kündigung eines Gläubigers, können nicht einfach an den Mann adressiert werden, sondern müssen sich an die Frau richten, aber zugleich auch an den Mann, wenn sie eine Wirkung ins eingebrachte Gut äußern sollen.

e) Vielfach wird der Mann in die Lage kommen, im Laufe der NV. einen Erwerb für das eingebrachte Gut zu machen. Dann würde er, dafern er nicht etwa offen als Stellvertreter der Frau auftritt, zunächst selbst Eigentümer werden, die Frau im Falle des Konkurses über sein Vermögen auf bloße Konkursforderungen beschränkt sein. Das Gesetz erkennt daher die Notwendigkeit an, auch bei Erwerb des Mannes im eigenen Namen den direkten Eigentumsübergang auf die Frau eintreten zu lassen und statuiert in § 1381 eine eigenartige dingliche Surrogation als Ausfluß eines im heutigen Recht nur noch spurenhaft (z. B. auch HGB. § 392 II) vertretenen Rechtsgedankens. Diese Surrogation ergreift Gegenstände, bei denen keine Beurkundung des Eigentumsstandes erforderlich ist, also bewegliche Sachen, Inhaber- und blankindossierte Orderpapiere, sowie sonstige durch einfachen Abtretungsvertrag übertragbare Rechte, also nicht Grundstücke, Wechsel, Hypotheken, Namensaktien. Und zwar ist die weitere Voraussetzung, daß der Mann den Erwerb mit Mitteln des eingebrachten Guts getätigt hat; er muß also bei Anschaffungen die Gegenleistung kraft seiner Verfügungsmacht (§ 1376) dem eingebrachten Gut entnommen haben, bei einer Veräußerung kommt der empfangene Gegenwert ins eingebrachte Gut, wenn ein Fall des § 1376 oder Zustimmung der Frau vorliegt. Wird nicht sofort erfüllt, so entscheidet sich erst mit der Leistung des Mannes, ob Surrogation eintritt oder nicht; in der Zwischenzeit ist der Mann Eigentümer des Erwerbs. Leistet der Schuldner trotz schon eingetretener Surrogation an den Mann, so muß er nach Analogie des Zessionsrechts (§§ 406ff.) geschützt werden können. Endlich wird in § 1381 erfordert, daß der Mann den Willen gehabt hat, für Rechnung des eingebrachten Guts zu erwerben; dieser wird allerdings bis zum Gegenbeweis vermutet. — Eine ähnliche Surrogation, aber ohne daß es auf die näheren Umstände des Erwerbs ankäme, enthält § 1382 für Haushaltsgegenstände. Abgesehen von diesen Sonderregeln gelten für den Erwerb die allgemeinen Grundsätze; der im eigenen Namen handelnde Mann wird also Eigentümer und muß nach Beendigung der Verwaltung und Nutznießung der Frau sein Recht übertragen.

4. Der Mann erwirbt die Nutzungen des eingebrachten Gutes zu freiem Eigentum, und zwar regelt das Gesetz seine Befugnisse in schematischer Weise durch Verweisung auf das Nießbrauchsrecht. Dadurch werden manche Unklarheiten geschaffen, denn innerlich Wesensverschiedenes läßt sich nicht gleich behandeln. Vor allem zeigt sich dies bei den im Übermaß gezogenen Raubbaufrüchten, die der Mann in gleicher Weise erwirbt wie ein Nießbraucher (§ 1039), ohne daß der Frau, wie dem Nießbrauchsbesteller, ein besonderer Sicherheitsanspruch (§ 1051) deswegen zustände. Im übrigen ist auf die Kommentare zu verweisen, die einen ganzen Katalog unanwendbarer Nießbrauchsregeln enthalten.

5. Die Ersatzansprüche des Mannes wegen der bei der NV. gemachten Aufwendungen enthält § 1390.

IV. Den Rechten des Mannes als Nutzverwalter entsprechen aber auch Pflichten.

1. Vor allem steht neben dem Verwaltungsrecht eine Pflicht zu ordnungsmäßiger Verwaltung, die freilich denkbarst milde ausgestaltet ist und deren Verletzung meist nur gegen Sollvorschriften verstößt. Die Grundbestimmung ist gegeben in § 1374, wobei wieder an die Haftung nur für konkrete Fahrlässigkeit zu erinnern

ist (§ 1359). Regelmäßig wird hierunter die Pflicht zur Erhaltung der Substanz (Ausnahmen: § 1376), zur Schuldentilgung, Zinsenziehung, Versicherung zu begreifen sein. Recht schlecht bestellt ist es um die Kontrollrechte der Frau: Sie hat nur ein Recht auf Auskunftserteilung über die Verwaltung, § 1374, aber nicht auf Rechenschaft über die Substanz des eingebrachten Guts und über die Verwendung der Erträgnisse des eingebrachten Guts zu Tragung des ehelichen Aufwands (§ 1389 II), sondern erst am Schlusse der NV. hat der Mann Rechenschaft über die Verwaltung zu legen, § 1421: eine Beschränkung, die auch das Recht der Frau auf Sicherheitsleistung (§ 1391) und Aufhebung der NV. praktisch sehr entwertet.

2. Der Mann soll das Verfügungsrecht, das § 1376 ihm verleiht, nur zu Zwecken ordnungsmäßiger Verwaltung ausnützen, § 1377. Bei Zuwiderhandlung gegen dieses Gebot macht er sich indessen nur wertersatzpflichtig, insbesondere wenn er verbrauchbare Sachen der Frau lediglich zu seinem Nutzen verwendet; und zwar tritt die Ersatzpflicht regelmäßig erst bei Beendigung der NV. ein, nur wenn es zur ordnungsmäßigen Verwaltung gehört (§ 1377 a. E.) und den Gläubigern der Frau gegenüber (§ 1411 II) sofort. Strenger ist die Haftung des Mannes für die mündelsichere Anlage von Frauengeld, § 1377 II, hier macht Pflichtverletzung voll schadensersatzpflichtig, doch kann die Frau auch diesen Anspruch erst nach Beendigung der NV. einklagen (§ 1394).

3. Die Lasten, die als Gegengewicht der ihm zufließenden Nutzungen auf dem Manne ruhen, zerfallen in:

a) die Lasten des eingebrachten Gutes selbst, als da sind Erhaltungs- und Verwaltungskosten, § 1384, öffentliche Abgaben, z. B. Grundsteuern, aber nicht außerordentliche Lasten, wie Erbschaftssteuern, Reichsnotzins, Zwangsanleihe, § 1385 Z. 1; ferner privatrechtliche Lasten, wie Reallastzieler, Hypothekenzinsen, § 1385 Z. 2; ferner Versicherungsbeiträge, § 1385 Z. 3; Verzinsung der Vollschulden, § 1386 I; aber nur soweit nicht im Innenverhältnis das Vorbehaltsgut ausgleichspflichtig ist, § 1386 II; endlich Kosten eines Rechtsstreits um eingebrachtes Gut, § 1387 Z. 1.

b) Persönliche Lasten der Frau, also Kopfsteuern, § 1385 Z. 1; Alimentenleistungen, § 1386; Prozeßkosten, und zwar muß der Mann unbeschadet der zukünftigen Ausgleichungspflicht des Vorbehaltsguts (§§ 1415, 1416) im Prozesse gegen die Frau für sie Prozeßkostenvorschuß leisten (sehr bestr., vgl. RG. 47, S. 72, und Komm. d. RGRäte 6a zu § 1387, a. M. z. B. Stein, Vorb. VI vor § 606); endlich Verteidigungskosten der Frau nach näherer Bestimmung des § 1387 Z. 2. Im Rahmen der in §§ 1385—1387 begründeten Lastentragungspflicht haftet der Mann den Gläubigern der Frau als Gesamtschuldner, § 1388, gleichgültig ob die Nutzungen des eingebrachten Guts ihm Deckung gewähren oder nicht. Diese Haftung dürfte auch zwingend sein, selbst wenn man die Kostentragungspflicht im Innenverhältnis für durch Ehevertrag abänderbar hält[1]).

c) Den ehelichen Aufwand, § 1389, also die Kosten der gemeinsamen Lebenshaltung, Haushaltsführung usw. Das ist nicht dasselbe wie der Unterhaltsanspruch, denn die Frau verlangt hier selbständig und aus eignem Recht den Unterhalt der gemeinsamen Kinder, aber auch nicht mehr als das; den Unterhalt etwa eines vorehelichen Kindes kann sie auch nicht als Teil des ehelichen Aufwands fordern, die Voraussetzungen der gesetzlichen Unterhaltspflicht sollen durch § 1389 nicht geändert werden (RG. 67, S. 1). Daß die Erträge des eingebrachten Guts in erster Linie den ehelichen Aufwand tragen sollen, sichert das Gesetz ausdrücklich zu, § 1389 II.

[1]) Vgl. v. Baligand, a. a. O., S. 44ff. Steuerrechtlich drückt sich ein ähnlicher Rechtsgedanke aus in der Zusammenveranlagung der Ehegatten (ohne Rücksicht auf den Güterstand), vgl. z. B. REinkSteuerges. Fassg. v. 21. 12. 1921 § 16, dazu Friedrichs, Die Haftung der Ehegatten für öffentl. Abgaben, Berlin 1922, S. 47.

Dieser Aufwandsanspruch ist auch insofern privilegiert, als die Frau ihn jederzeit auch während der Dauer der NV. geltend machen kann[1]), § 1394.

V. Rechtsstellung der Frau.

1. Sie bleibt Eigentümerin sowie mittelbare Besitzerin des eingebrachten Gutes. Sie hat ferner den Anspruch, dieses nach Beendigung der NV. der Substanz nach ungeschmälert zurückzuerhalten, und zwar in dem Zustande, der sich aus ordnungsgemäß geführter Verwaltung ergibt. Hieraus folgt z. B., daß der Mann, der ein Erwerbsgeschäft der Frau im eigenen Namen betreibt (oben S. 26), nur den jährlichen Reingewinn für sich behalten darf, wie es § 1655 dem Vater ausdrücklich vorschreibt, also eine etwa bei der Übernahme vorhandene Unterbilanz zunächst beseitigen muß. Zur Sicherung dieser Ansprüche gewährt das Gesetz der Frau schon während der NV. gewisse Schutzrechte, insbesondere das Recht, Sicherheitsleistung, z. B. durch Bestellung einer Hypothek, § 1391, sowie gesperrte (§ 1392 II) Hinterlegung eingebrachter Inhaber- und blankindossierter Orderpapiere (§ 1392 I) zu verlangen. Diese Ansprüche sind zwar sofort gerichtlich verfolgbar, doch ist es der Frau durch das Fehlen jeder Rechenschaftspflicht sehr erschwert, ihre Voraussetzungen darzutun.

2. Die Frau bleibt geschäfts- und verpflichtungsfähig (vgl. WO § 1) sowie prozeßfähig, vgl. ZPO. § 52 II. Aber in der Verfügungsmacht über ihr eingebrachtes Gut erleidet sie erhebliche Beschränkungen. Sie bedarf zu Verfügungen darüber grundsätzlich der Einwilligung des Mannes, § 1395; ist diese erteilt, so ist die Verfügung vollwirksam. Fehlt sie, so sind:

a) einseitige Verfügungsgeschäfte schlechthin und unheilbar unwirksam, § 1398; weder nachträgliche Genehmigung noch Wegfall der NV. können sie gültig machen. Der Geschäftsgegner kann sich schützen, indem er eine schriftliche Zustimmungserklärung des Ehemanns verlangt und bei deren Fehlen das Geschäft zurückweist (vgl. §§ 111, 180). Ausnahmen, die der Frau einen geringen Betätigungsspielraum lassen, bringt § 1406: Erbrechtliche Verfügungen, Ablehnung von Vertragsofferten, worin eine Verfügung über die Rechtsposition der Gebundenheit (§ 145) zu erblicken ist, ferner Ablehnung von Schenkungen, einseitige Rechtsgeschäfte gegenüber dem Manne sind ihr gestattet.

b) Vertragsmäßige Verfügungen, insbesondere Eigentumsübertragung, Pfandrechtsbestellung, Zession, Erlaß, sind schwebend unwirksam. Hier kann eine Heilung der Fehlerhaftigkeit durch nachträgliche Genehmigung des Mannes eintreten; diese kann der Dritte durch Fristsetzung herausfordern, § 1396 II. Aber auch die nachträgliche Beendigung der NV. heilt die Unwirksamkeit, dafern sie noch nicht durch Versagung der Genehmigung seitens des Mannes zur endgültigen geworden ist, § 1396 III. Der Geschäftsgegner hat bis zur Entscheidung über die Genehmigung ein Widerrufsrecht, § 1397, freilich nur wenn er nicht wußte, daß er mit einer verheirateten Frau kontrahierte, oder wenn ihm die Frau die ehemännliche Genehmigung vorgespiegelt hatte, § 1397 II. Dabei ist zu beachten, daß sich das Widerrufsrecht nur auf die Verfügung bezieht, während dem Geschäftsgegner keine Möglichkeit gegeben ist (anders als in § 109) sich vom obligatorischen Vertrage zu lösen. Seinen Hauptwert hat das Widerrufsrecht daher auf dem Gebiete der sog. „Äquivalentverfügungen" im Sinne Strohals (vgl. D. Jur.-Ztg. 1909, S. 1031).

c) Auch für vertragsmäßige Verfügungen bestimmt § 1406 einige Fälle, in denen die Frau von der Einholung der Zustimmung befreit ist, so Erbverzichts- und Pflichtteilsverzichtsverträge.

d) Das Verpflichtungsgeschäft der Frau ist an sich stets vollgültig. Hier wird die bis jetzt festgestellte Gleichung mit der Rechtslage eines Geschäfts-

---

[1]) Nach h. M. (Staudinger 2c zu § 1389; Goldmann-Lil., S. 129, Anm. 40) mit der Herstellungsklage; dagegen mit Recht (wegen § 888 II ZPO.) Braunschweig OLG. 18, S. 261.

beschränkten völlig aufgegeben. Die Frau haftet also aus ihren Verträgen zumindest immer mit ihrem Vorbehaltsgut. Die Zustimmung des Mannes hat hier nur die Wirkung der Haftungsbegründung für das eingebrachte Gut; die Schuld wird durch sie zur Vollschuld (§§ 1399 II 1, 1411, s. u. VI 1b). Fehlt die Zustimmung, so haftet der Mann nur insoweit mit dem eingebrachten Gut, als es um einen Gegenwert, z. B. den Kaufpreis für eine von der Frau verkaufte Sache, bereichert ist, und nur nach Maßgabe der Vorschriften über die ungerechtfertigte Bereicherung. Insoweit muß er auch die Zwangsvollstreckung ins eingebrachte Gut dulden (s. u. VI 1d).

e) Alle diese Beschränkungen der Frau gelten im Interesse des Mannes, aber nicht nur dem Manne gegenüber. Es liegt keine nur relative Unwirksamkeit vor, sondern eine absolute, von jedermann geltend zu machende. Und das ist auch im System des Gesetzes einwandfrei begründet. Die relative Unwirksamkeit ist fast ausnahmslos der Ausdruck für die dingliche anwartschaftliche Gebundenheit einer Sache (§§ 135, 883 usw.) oder eines Vermögens (Konkursmasse, verwalteter Nachlaß); hier bei der Ehefrau handelt es sich um etwas ganz anderes, nämlich um eine auf einer personenrechtlich zu wertenden Eigenschaft, der aus der Stellung als Ehefrau, fließenden Verfügungsunfähigkeit (ähnlich wie beim Vorerben, der auch deshalb absolut, wenn auch doppelt bedingt verfügungsunfähig ist, weil seine persönliche Erbenqualität zeitlich beschränkt ist, § 2113). Daher können die Vorschriften über den Schutz des redlichen Erwerbs in beiden Fällen keine direkte Anwendung finden; denn der Erwerb vom Nichtverfügungsberechtigten wird ja nicht geschützt. Aber in unserm Falle wird sogar, anders wie beim Vorerben, jede analoge Anwendung des Gutglaubensschutzes abgelehnt, denn § 1404 erklärt ausdrücklich, daß der in Unkenntnis der Ehefraueneigenschaft seiner Gegnerin befindliche „Dritte" nicht geschützt werden soll. Das bedeutet nicht etwa eine Ausnahme von dem Prinzip der §§ 892, 932 usw. — auch nicht von § 936, denn die NV. ist keine „Belastung" des eingebrachten Gutes —, sondern stellt nur noch einmal fest, daß hier eben keine Ausnahme gemacht, das Vertrauen des Dritten nicht geschützt wird. Selbst auf den Grundbucheintrag der Frau mit ihrem Mädchennamen kann man sich nicht verlassen, das Grundbuch ist ja gar nicht unrichtig, da in den Eigentumsverhältnissen kein Wandel eingetreten ist; der gesetzliche Güterstand ist nicht buchfähig. Wer der Frau nach ihrer Verheiratung noch Hypothekenzinsen zahlt (§ 893), ist vor Nachforderung des Mannes ebensowenig sicher wie wer gewöhnliche Schuldzinsen an sie abführt (§ 407) — eine die Interessen des Mannes allzu einseitig schützende, überspannt verkehrsfeindliche Regelung! Die Banken sichern sich meist durch Einholung eines ehemännlichen Generalkonsenses. Die praktische Bedeutung der ganzen Materie steht unbestreitbar außer Verhältnis zu ihrer schwerfälligen Behandlung im Gesetz, die schon an sich geeignet ist, das Vordringen der Gütertrennung zu unterstützen.

3. In gewissen Fällen nimmt die Frau eine freiere Stellung ein, nämlich:

a) in den sog. „Eilfällen", § 1401; wenn der Mann infolge Krankheit oder Abwesenheit nicht zustimmen kann, so fällt das Erfordernis der Zustimmung ersatzlos weg, aber nur unter der weiteren Voraussetzung, daß Gefahr im Verzuge ist, also eine Verwaltungshandlung nicht aufgeschoben werden kann (Aktienverkauf bei drohendem Kurssturz, Ausübung eines Bezugsrechts)[1]. Die Frau muß dabei (anders § 1450!) stets im eignen Namen handeln. Das VG. ist hier nicht zum Eingreifen berechtigt, was in Fällen, wo Meinungsverschiedenheiten über die Dringlichkeit einer Verwaltungshandlung bestehen können, eher eine Erschwerung als eine Erleichterung für die Frau bedeutet.

b) In persönlichen Angelegenheiten; hier ist umgekehrt Ersatz der Zustimmung des Mannes durch das Vormundschaftsgericht stets vorgeschrieben, § 1402;

---

[1] Dazu neuestens (sehr weitgehend) RG. Bd. 103, S. 127f.

dabei ist der Kreis der „persönlichen Angelegenheiten" nicht fest umgrenzt; man wird etwa hierher zu rechnen haben den Unterhalt, Kurkosten, die Ausstattung für ein Kind erster Ehe, Verteidigung in einem Strafverfahren, Scheidungsklage, Verfahren wegen Verletzung des Namens- oder eines Urheberrechts der Frau usw.; den Gegensatz bilden Verwaltungsangelegenheiten des eingebrachten Guts; kein Zustimmungsersatz ist z. B. gegeben zu Verfügungen, auch wenn die Frau an der Erfüllung etwa vorehelicher Schulden ein noch so dringendes persönliches Interesse hat.

c) Bei konsentiertem selbständigem Betrieb eines Erwerbsgeschäfts, § 1405. Die Frau verfügt und prozessiert hier frei auch über denjenigen Teil des Erwerbsgeschäfts, der eingebrachtes Gut ist. Ihre Verpflichtungsakte verhaften das ganze eingebrachte Gut. Das ist nicht zu erklären als Generalkonsens zu den einzelnen Geschäftshandlungen, sondern aus dem alten Gedanken der Selbmündigkeit der Handelsfrau; „Handel macht mündig". Daher kann der Mann auch nicht einzelnen Geschäften seine Zustimmung versagen (ähnlich § 112). Er kann nur versagen oder widerrufen seine Einwilligung in den Geschäftsbetrieb als solchen und kann diesen Einspruch, damit er nach außen wirksam werde (§ 1435), ins Güterrechtsregister eintragen lassen (§ 1405 a. E.).

VI. Schuldenhaftung. Ebenso wie jeder Gatte sein Vermögen behält, so ruht auch auf jedem die Last seiner eigenen Schulden. Weder gibt es eine Sukzession des Mannes in Schulden der Frau (Ausnahme § 1388) noch umgekehrt. Das Hauptproblem ist daher im folgenden nur, inwieweit die NV. des Mannes dem Gläubigerzugriff auf das eingebrachte Gut weichen muß.

1. Für Manneschulden haftet nur der Mann, in der Regel mit seinem ganzen Vermögen, niemals das eingebrachte Gut der Frau, § 1410. Dabei gelten als Manneschulden auch die Verbindlichkeiten aus der Ausübung der Schlüsselgewalt, § 1357. Also haftet der Mann auch mit den ihm zustehenden Nutzungen des Eingebrachten; nur sind diese insoweit der Pfändung entzogen, als sie zur Erfüllung der Verbindlichkeiten der Frau, die der Mann ihr gegenüber tragen muß (§ 1384ff.), zur Bestreitung seines standesgemäßen Unterhalts oder zur Erfüllung bestimmter Unterhaltspflichten gebraucht werden, ZPO. § 861 — eine sehr eigenartige Benachteiligung der Gläubiger.

2. Für Schulden der Frau haftet:

a) kraft Gesetzes stets ihr Vorbehaltsgut, alle Schulden sind gesetzlich Vorbehaltsschulden;

b) nach § 1411 I grundsätzlich auch das eingebrachte Gut; indessen ist diese Regel durch so viele Ausnahmen durchbrochen, daß sie selbst nahezu zur Ausnahme wird. Diese in § 1412—1414 niedergelegten Ausnahmen betreffen zunächst alle Schulden der Frau aus unkonsentierten, während der Ehe vorgenommenen Verpflichtungsgeschäften, sie bleiben reine Vorbehaltsschulden, § 1412; der Mangel der ehemännlichen Zustimmung äußert sich also nicht in der Unwirksamkeit der Verpflichtung selbst, sondern in der Unangreifbarkeit des eingebrachten Guts für den Gläubiger. Ferner haftet das eingebrachte Gut nicht für Verbindlichkeiten der Frau, die mit dem Erwerb einer in das Vorbehaltsgut fallenden (§ 1370) letztwilligen Zuwendung zusammenhängen, also die Nachlaßverbindlichkeiten, Erbschaftssteuern usw., endlich nicht für die Verpflichtungen, die aus einem zum Vorbehaltsgut gehörenden Recht (Reallasten, Grundsteuern, Notwegrente) oder aus dem Besitz einer Vorbehaltssache (vgl. §§ 987 ff.) entspringen. Zu Unrecht werden oft hierher gezogen die Ansprüche aus Tier-, Wild-, Einsturzschaden, §§ 833, 835, 836; das Gesetz behandelt sie als Deliktsansprüche und für sie muß folgerichtig dasselbe gelten wie für Delikte der Frau (sehr str.).

c) Es bleiben also übrig als Vollschulden der Frau: ihre vorehelichen Schulden — begreiflich, denn die Gläubiger sollen durch die Verheiratung keine Schlechterstellung erleiden —, ferner alle ohne Konsens wirksamen (§§ 1399, 1405) und die konsentierten rechtsgeschäftlichen Schulden, endlich alle Delikts- und Legalschulden, also auch gesetzliche Unterhaltspflichten, Ansprüche aus Bereicherung, auftragsloser Geschäftsführung usw.

d) Aber die materiell-rechtliche Tatsache, daß das eingebrachte Gut als Haftobjekt für die Vollschulden der Frau dient, genügt noch nicht, um es ohne weiteres dem Gläubigerzugriff offen zu legen. Es muß erst die darauf lastende NV. des Mannes beiseite geschoben werden, und dies geschieht auf dem Wege, daß neben dem Leistungstitel gegen die Frau ein Urteil auf Duldung der Zwangsvollstreckung in das eingebrachte Gut gegen den Mann erwirkt wird, ZPO. § 739. Es bedarf also eines doppelten Prozesses für den Gläubiger, um an das eingebrachte Gut heranzukommen; die Klagen können allerdings verbunden werden, § 260 ZPO. Der Mann kann stets seine Duldungspflicht, die Leistungspflicht der Frau selbständig nur dann bestreiten, wenn der Rechtsstreit ohne seine Zustimmung geführt wurde, das Urteil daher nicht gegen ihn wirkt (§ 1400 II, unten S. 35). Der Duldungstitel ist nur entbehrlich bei selbständigem Geschäftsbetrieb der Frau[1]), § 741 ZPO., und bei Unterwerfung des Mannes unter die Zwangsvollstreckung in öffentlicher Urkunde, § 794 II ZPO., nicht bei gesamtschuldnerischer Verurteilung der Ehegatten und ebensowenig in den Fällen des § 1376. Die Klage auf Duldung der Zwangsvollstreckung ist die prozessuale Voraussetzung des Zugriffs auf das eingebrachte Gut; ein Ausdruck für eine materiell-rechtliche Haftung des Mannes ist sie indessen nicht; der Mann schuldet dem Frauengläubiger nicht, auch nicht akzessorisch[2]), kann also auch nicht persönlich haften; die Verwaltungspflicht des § 1374 gilt ja nur gegenüber der Frau, nicht auch gegenüber den Gläubigern[3]).

e) Den Frauengläubigern haften auch die Ansprüche der Frau gegen den Mann aus der NV. selbst (§ 1394) und auf Wertersatz pflichtwidrig verbrauchter Sachen (§ 1377) sowie der Übermaßfrüchte (§§ 1383, 1039). Und zwar können die Gläubiger diese Ansprüche nach Pfändung und Überweisung sofort geltend machen, ohne an irgendwelche Beschränkungen gebunden zu sein, § 1411 II.

3. Die vom Gläubiger rein zufällig getroffene Wahl zwischen Inanspruchnahme des eingebrachten und des Vorbehaltsguts kann für das Innenverhältnis der Ehegatten keine bindende Regelung darstellen.

a) Hauptregel ist allerdings, daß Schulden, für die das eingebrachte Gut nach außen hin haftet, auch definitiv darauf lasten bleiben sollen. Infolgedessen gibt das Gesetz der Frau, die für eine solche Verpflichtung Vorbehaltsgut preisgegeben hat, einen Regreßanspruch gegen den Mann als Verwalter des eingebrachten Guts, § 1417 II. Der Mann kann diese seine Schuld durch einfache Zahlung an die Frau erfüllen, ohne daß es eines Ehevertrags bedürfte, um das Gezahlte zu Vorbehaltsgut zu machen.

b) Ausnahmsweise fallen gewisse Vollschulden im Innenverhältnis dem Vorbehaltsgut zur Last, nämlich die Schulden aus einer während der Ehe begangenen

---

[1]) Ein Duldungstitel ist aber auch in diesem Falle vorteilhaft, wenn der Mann die Haftobjekte besitzt, da er sonst nicht Vollstreckungsschuldner, sondern Dritter im Sinne des § 809 ZPO. ist. Vgl. die Komment.

[2]) So Hellwig, Anspruch und Klagrecht, S. 320f., und (sehr weitgehend) System des ZPR. I, § 167f. Dazu neuestens Baumgarten, Wissenschaft vom Recht, II, 1922, S. 140,

[3]) Diese Ansicht scheint der Auffassung des Gesetzes am meisten zu entsprechen. Allerdings versagt diese in gewissen Fällen, z. B. wenn die Frau zur Erfüllung einer vorehelichen Schuld konsenslos über eingebrachtes Gut verfügt hat. Hier wäre die Verurteilung zur Duldung der Zwangsvollstreckung sinnlos, andrerseits verschafft die Einrede des § 986 dem Erwerber nur Schutz vor Vindikation, niemals Eigentum; es entsteht ein unerfreulicher Schwebezustand. Hier könnte eine gesunde Rechtsfortbildung dazu führen, dem Manne eine nach § 894 ZPO. vollstreckbare Zustimmungspflicht aufzuerlegen. Das Gesetz schützt auch hier zu einseitig den Mann, zu wenig den Drittkontrahenten.

unerlaubten Handlung und die Kosten eines etwa deswegen verurteilenden Strafverfahrens, § 1415 Z. 1, ferner die Verbindlichkeiten aus einem auf das Vorbehaltsgut sich beziehenden Rechtsverhältnis (z. B. Unterhalt eines vorehelichen Kindes, soweit er aus Vorbehaltsgut bestritten wird, Schulden eines konsentierten, zum Vorbehaltsgut gehörigen Erwerbsgeschäfts) die Kosten diesbezüglicher Prozesse sowie sonstige Prozeßkosten nach Maßgabe des § 1416. In solchen Fällen muß die Frau, wenn das eingebrachte Gut in Anspruch genommen worden ist, es aus dem Vorbehaltsgut wieder auffüllen, § 1417 I.

VII. Prozeßführung über eingebrachtes Gut. Es ist zu unterscheiden zwischen Aktiv- und Passivprozessen.

1. Aktivprozesse kann führen:

a) der Mann; ihm ist durch § 1380 eine unbeschränkte Sachlegitimation zur Geltendmachung der Rechte des eingebrachten Guts im eignen Namen zugeteilt worden. Er prozessiert also nicht um eignes Recht, es liegt keine actio quasi confessoria vor (so noch Planck-Unzner), sondern er streitet um fremdes Recht (der Frau) im eignen Namen (sog. Prozeßstandschaft). Die Durchsetzung eignen Rechtes des Mannes (Besitzrecht, §§ 1373, 1007, R. an den Nutzungen, § 1383) ist streng von dem Falle des § 1380 zu scheiden. Der Mann klagt infolgedessen auch nach § 1380 nicht auf Bewirkung der geschuldeten Leistung an ihn selbst, denn er würde ja durch Annahme der geschuldeten Leistung zu Unrecht verfügen (außer in den Fällen des § 1376)[1]), sondern an ihn mit Zustimmung der Frau, wobei er diese zur Begründung der Klage als vorhanden behaupten muß, um nicht Klagabweisung zu gewärtigen, oder er klagt auf Leistung an die Frau, womit er zugleich seine Zustimmung zur Annahme der Leistung durch sie erteilt. oder auf Leistung an beide, oder auf Hinterlegung[2]). Streitig ist die Wirkung des Rechtsstreits: Nach § 1380 S. 2 ist nur klargestellt, daß das Prozeßergebnis des Mannes für und gegen die Frau wirkt, wenn der Mann über das geltend gemachte Recht ohne Zustimmung der Frau zu verfügen berechtigt war (§§ 1376, 1378) und dies muß offenbar auch gelten, wenn sie der Prozeßführung zugestimmt hatte (RG. 77, S. 35); nach der herrschenden Meinung wirkt das Urteil in allen andern Fällen nicht gegen die Frau, so daß der Gegner, der dem Manne gegenüber gesiegt hat, auf neue Klage der Frau hin (§ 1400 II) verurteilt werden könnte; hat umgekehrt der dem Manne unterlegene Gegner geleistet, und wird hinterher festgestellt, daß der geltend gemachte Anspruch der Frau unbegründet war, so hat er zwar einen Bereicherungsanspruch gegen die Frau, aber der Duldungsklage gegen den Mann (s. oben VI 2 d) stünde die Rechtskraft entgegen! Alle diese Konsequenzen des Umkehrschlusses aus § 1380 S. 2 sind, wie Siber[3]) nachgewiesen hat, nicht zwingend und vom rechtspolitischen Standpunkt aus bedenklich.

b) Die Frau, aber nach § 1400 II nur mit Zustimmung des Mannes; zwar ist die Prozeßführung an sich noch keine Verfügung, aber sie kann im Effekt so wirken und deshalb ist der Frau die Aktivlegitimation entzogen. Indessen wird dies nicht von Amts wegen, sondern nur auf Rüge des Gegners zu beachten sein; dann aber ist mangels Zustimmung des Mannes die Klage der Frau abzuweisen. Ein etwa trotzdem erlassenes Urteil würde allerdings wohl nicht ganz und gar, sondern nur dem Manne gegenüber unwirksam sein, denn die Versagung der Aktivlegitimation trifft die Frau ja nur in Ansehung des eingebrachten Gutes, wie man wohl aus § 1400 I zu

[1]) So Wolff, § 51 II; Endemann, S. 358; bestr. durch v. Tuhr, II 1, S. 258 A, 134, da der Mann ja über die Forderung verfüge, nicht über die geleistete Sache.

[2]) Ein brauchbares Petit wäre vielleicht auch „auf Rückgewähr in das eingebrachte Gut" — ähnlich wie beim Anfechtungsanspruch.

[3]) Prozeßführung des Vermögensverwalters, Leipz. Festgabe f. Wach, 1915, S. 46.

entnehmen haben wird[1]). Ohne Zustimmung des Mannes ist die Frau aktiv legitimiert nur in Eilfällen, § 1401, zu Prozessen, die den Betrieb eines selbständigen Erwerbsgeschäfts betreffen (§ 1405) und in gewissen in § 1407 aufgezählten Fällen, vor allem zur sog. revokatorischen Klage, § 1407 Z. 3, sowie zur Widerspruchsklage in der Zwangsvollstreckung (ZPO. § 771), wenn ein Mannesgläubiger auf eingebrachtes Gut gegriffen hat, § 1407 Z. 4.

c) Der Mann im Namen der Frau, wenn diese ihm ausdrücklich Prozeßvollmacht gegeben hat; gegebenenfalls wird eine solche Ermächtigung in der Zustimmung zum Prozesse gefunden werden können.

2. Passivprozesse müssen grundsätzlich gegen die Frau selbst angestrengt werden; diese soll nicht etwa die Einlassung verweigern können, weil ihr Ehemann der Prozeßführung nicht zugestimmt hat. Der Mangel der Zustimmung des Mannes hat also nicht die Bedeutung, daß ein Urteil überhaupt nicht erlassen werden könnte, sondern nur, daß das Urteil dem Manne gegenüber nicht wirksam ist; verklagt also nun der siegreiche Frauengläubiger den Mann auf Duldung der Zwangsvollstreckung, so kann dieser die Leistungspflicht der Frau selbständig von neuem bestreiten, § 1400 I, andernfalls nur seine Duldungspflicht.

VIII. Ende des Güterstandes. Die NV. endigt mit Notwendigkeit:

1. wenn die Ehe endigt, also durch Tod oder Scheidung aufgelöst wird. Im Falle der Todeserklärung tritt jedoch nur dann die Endigung des Güterstandes im vermuteten Zeitpunkt des Todes ausnahmslos ein, wenn der Mann für tot erklärt wird; der Zurückgekehrte muß dann auf Wiederherstellung seiner Rechte klagen mit der Wirkung, daß seine Rechte ex nunc wiederaufleben, § 1425. Also tritt im Widerspruch mit der formalen Logik aus praktischen Gründen keine Rückwirkung ein; anders, wenn die Todeserklärung selbst auf eine Anfechtungsklage hin ex tunc beseitigt wird. Die zum Unrecht erfolgte Todeserklärung der Frau beeinträchtigt die Rechtsstellung des Mannes überhaupt nicht.

2. Trotz Fortdauer der Ehe kann die NV. enden:

a) durch ein Gestaltungsurteil, das auf die Aufhebungsklage der Frau hin ergeht. Die Fälle, in denen eine solche Klage statthaft ist, sind die Gefährdung der Rechte der Frau selbst, § 1418 Z. 1, des Unterhalts für Frau und Kinder nach näherer Bestimmung in § 1418 Z. 2, endlich die Unfähigkeit des Mannes zur Vermögensverwaltung infolge Entmündigung, Gebrechlichkeit oder Abwesenheit, derentwegen ein Pfleger bestellt wurde, § 1418 Z. 3—5. Mit der Rechtskraft des Urteils tritt Gütertrennung ein, § 1418 II. Im letztgenannten Falle kann der Mann nach Wegfall des Unfähigkeitsgrundes Wiederherstellung seiner Rechte ex nunc verlangen, § 1425.

b) Durch Konkurseröffnung über das Vermögen des Mannes; das Nutznießungsrecht selbst gehört nicht zur Konkursmasse; eine Wiederherstellung der Mannesrechte nach Konkursbeendigung wäre nur durch Ehevertrag möglich.

c) Endlich kann durch Ehevertrag jederzeit die NV. ausgeschlossen und ein andrer Güterstand an ihre Stelle gesetzt werden.

§ 12. Gütertrennung.

Die Gütertrennung kann sein subsidiärer gesetzlicher Güterstand, so in den Fällen der §§ 1364, 1587, ebenso nach Endigung eines Güterstandes infolge Aufhebungsklage, §§ 1426 mit 1418, 1470 I, 1545 I, 1549, bei Todeserklärung des Mannes und Konkurseröffnung über sein Vermögen in den Fällen der NV. (§§ 1426, 1420) und der Errungenschaftsgemeinschaft, § 1545, bei letzterer auch im Falle der Todeserklärung der Frau, § 1545, endlich bei vertragsmäßiger Aufhebung eines Güter-

[1]) So auch die h. M., RG. 56, 76; Stein zu § 52 ZPO. V; Goldmann-Lilienthal, S. 137, A. 25 u. a. m. Die Bestimmung des § 1400 I findet also auch auf Aktivprozesse Anwendung; a. M. freilich Siber, a. a. O., S. 44.

standes ohne Einführung eines neuen, § 1436. Aber die Gütertrennung kann auch ehevertraglich eingeführt werden, § 1432. Das Prinzip liegt in einer völligen Trennung der beiderseitigen Vermögensmassen der Substanz und der Verwaltung nach. Indessen sind doch gewisse güterrechtliche Unterschiede vom Zustand des Unverheiratetseins gegeben:

1. Der Mann trägt auch hier den ehelichen Aufwand; als Gegenleistung dafür erhält er nicht Nutzungen, sondern nur Beiträge der Frau, die sie aus ihren Einkünften zu leisten hat, für die Vergangenheit jedoch nur, soweit sie trotz Aufforderung (keine technische Mahnung) des Mannes im Rückstande geblieben ist (kein technischer Verzug, daher auch keine Schadensersatzpflicht). Aus gewissen Gründen, insbesondere bei Gefährdung ihres Unterhalts, kann die Frau die Beitragsleistung verweigern und die fälligen Beträge zurückhalten, § 1428. Leistet sie Beiträge über ihre Pflicht hinaus, so ist nach § 1429 im Zweifel anzunehmen, daß sie keinen Ersatz verlangen will.

2. Das Gesetz gibt aber ferner auch gewisse dispositive Regeln für den Fall, daß die Frau in nähere Vermögensbeziehungen zum Manne treten will. Sie kann dem Manne ihr Vermögen ganz oder teilweise zur Verwaltung überlassen, § 1430; dann schließt sie mit ihm einen auftragsähnlichen Vertrag, der sie der Mühe eigener Tätigkeit überhebt, steht aber insofern sehr viel besser als im gesetzlichen Güterstand, als sie jederzeit Auskunft und Rechnungslegung verlangen kann, §§ 662, 675, und die Verwendung der Einkünfte in erster Linie ihrer eigenen Bestimmung unterliegt. Erst wenn keine solche getroffen ist, und der Mann die Einkünfte auch nicht nach den Grundsätzen ordentlicher Wirtschaft zur Lastentilgung verwenden muß — §§ 1384—1387 werden entsprechend anzuwenden sein —, darf er sie nach freiem Ermessen in seinen eignen Nutzen kehren, § 1430. Vor allem ist die Frau dadurch geschützt, daß sie den Auftrag stets widerrufen kann, §§ 671, 675. Bei weiterer Ausgestaltung der gesetzlichen Dispositivnormen[1]) könnte sich aus dieser Gütertrennung mit Überlassungsvertrag der Güterstand der Zukunft entwickeln (in diesem Sinne auch M. Weber, a. a. O., S. 485).

§ 13. Allgemeine Gütergemeinschaft.

I. Die allgemeine Gütergemeinschaft (AGG.) war früher der Güterstand, durch den in Handels-, Industrie- und auch Ackerbaugegenden eine gewisse Kapitalshäufung herbeigeführt wurde. Noch heute wird er von manchen als dem idealen Wesen der Ehe am meisten angemessen empfohlen. Hierin liegt der Trugschluß, daß eheliche Liebe nur durch möglichsten Ausschluß der Frau von den Vermögensangelegenheiten zu erhalten sei — als ob sich nicht mit der rechten ehelichen Gesinnung eine vollkommen geschäftsmäßige Behandlung der geschäftlichen Dinge gerade am besten vertrüge! Dieser Güterstand bietet für beide Ehegatten unstreitig die größten Gefahren: für die Frau, weil er dem Manne noch weitergehende Freiheiten läßt als der gesetzliche; für den Mann wegen seiner persönlichen gesamtschuldnerischen Haftung für Frauenschulden (§ 1459: qui épouse femme, épouse ses dettes). Immerhin ist die AGG. noch immer der verbreitetste von allen Vertragsgüterständen, vor allem wohl in Westdeutschland, und wird neuerdings von älteren kinderlosen Ehepaaren aus steuerlichen Gründen bevorzugt (vgl. Erbsch.Steuerges. § 12)[2]). Dieser Güterstand kennt nicht weniger als fünf Gütermassen:

---

[1]) In welcher Richtung diese erfolgen sollte, ist allerdings zweifelhaft. Kohler, Lehrb., S. 233 will die Regeln des gesetzl. Güterzustands analog angewandt wissen, da eine rein geschäftsmäßige Regelung dem Wesen der Ehe widersprechen würde. Gerade das Gegenteil ist richtig. Man könnte sogar zweifeln, ob wirklich nur für culpa in concreto (§ 1359) gehaftet werden soll.

[2]) Daß in der Vereinbarung der AGG. u. U. — bei großer Vermögensverschiedenheit — eine Schenkung liegen kann, behauptet RG. 87, S. 301 (nicht unanfechtbar).

1. Hauptmasse ist das Gesamtgut; für dieses spricht die Vermutung, d. h. Nichtzugehörigkeit eines Gegenstandes zu ihm muß beweisen, wer sie behauptet (ausdrücklich ausgesprochen allerdings nur in § 1527 für das Gesamtgut der Errungenschaftsgemeinschaft). Erst hinter dieser Vermutung gilt die des § 1362. Gesamtgut wird also alles, was den Eheleuten bei Eingehung der AGG. gehört, und auch was sie später erwerben, dafern es nicht kraft Gesetzes oder Rechtsgeschäfts ausdrücklich ausgenommen wird, § 1438 I, und zwar erfolgt der Übergang uno actu, ohne daß es einer Übertragung der Einzelgegenstände bedarf, § 1438 II. Es entsteht also sofort eine Gesamthand, die Rechtsnachfolgerin des einzelnen Ehegatten wird, und zwar auf dem Wege der Universalsukzession; das Grundbuch, in dem einer der Ehegatten allein eingetragen ist, wird unrichtig, und es bedarf der deklaratorischen Grundbuchberichtigung auf Antrag beider Ehegatten, wozu einer vom andern Mitwirkung verlangen kann, § 1438 III. Der Grundbucheintrag muß die AGG. als Rechtsgrund der Gesamtberechtigung erkennen lassen, GBO. § 48.[1]) Bis zur Berichtigung ist zumindest derjenige Redliche geschützt, der mit dem allein eingetragenen Manne kontrahiert, §§ 892, 893, selbst wenn die AGG. schon im Güterrechtsregister verlautbart sein sollte, der öffentliche Glaube des Grundbuchs geht vor; anders wenn nur die Frau eingetragen ist: hier versagt der Schutz des Grundbuchs, da das Prinzip des § 1404 offenbar auch bei der AGG. durchschlagen muß und hier eine wirkliche Ausnahme vom Publizitätsprinzip bedeutet; der Dritte darf jedenfalls nicht besser stehen, als wenn die Frau im gesetzlichen Güterstand gelebt hätte. Auch während des Güterstandes kann eine Unrichtigkeit des Grundbuchs dadurch entstehen, daß einer der Ehegatten allein als Erwerber eines Grundstücksrechtes eingetragen wird (RG. 84, S. 71); dann tritt ebenfalls sofort das Gesamthandsverhältnis ein, und für den andern Ehegatten entsteht der Berichtigungsanspruch.

2. Beide Ehegatten können Sondergut haben. Dieses wird gebildet von den Gegenständen, die nicht durch Rechtsgeschäft übertragen werden können, § 1439, also etwa Nießbrauch, unabtretbare Lohnforderungen, Gesellschaftsanteile, Rentenansprüche aus der Sozialversicherung. Anderes als gesetzliches Sondergut gibt es nicht. Das Sondergut bleibt Alleineigentum des betreffenden Ehegatten, es ist seinem Wesen nach ein eingebrachtes Gut und wird auch behandelt wie eingebrachtes Gut der Errungenschaftsgemeinschaft, also vom Manne für Rechnung des Gesamtguts verwaltet, § 1525, und zwar das des Mannes frei, das der Frau nach den Regeln des gesetzlichen Güterstandes; die Nutzungen fallen ins Gesamtgut; dingliche Surrogation findet nicht statt (§ 1439 schließt § 1524 aus); also fallen z. B. ausbezahlte Renten ins Gesamtgut.

3. Beide Ehegatten können Vorbehaltsgut haben, aber kein gesetzliches, nur rechtsgeschäftliches und surrogiertes, § 1440. Das Vorbehaltsgut des Mannes ist völlig freies Vermögen, das der Frau beitragspflichtig wie im gesetzlichen Güterstand, § 1441.

II. Das Gesamtgut ist Gesamthandsvermögen beider Ehegatten, jedem gehört das Ganze mit dem andern Ehegatten zusammen; irgendwelche ziffernmäßig feststellbaren Anteile bestehen nicht, sondern es liegt eine personenrechtliche Mitberechtigung vor. Und zwar ist diese Gesamthand die festeste, die das Gesetz kennt: Keiner der Gesamthänder kann über seinen Anteil verfügen, § 1442 (anders § 2033), keiner Teilung verlangen (anders § 2042), keiner kündigen (anders § 723).

1. Die Verwaltung des Gesamtguts liegt beim Manne; er ist Verwalter fremden Vermögens, nicht etwa verwaltet er seinen Anteil zu eigenem Recht. Und zwar ist seine Stellung, verglichen mit dem gesetzlichen Güterstand, eine freiere; was dort Ausnahme, ist hier Regel: der Mann verwaltet das Gesamtgut frei, ohne Verantwortlichkeit der Frau gegenüber, § 1359 ist durch § 1456 ausgeschlossen (einige

---

[1]) Dazu jetzt RG. Bd. 105, S. 53 ff.

Ausnahmen ebenda und § 1466 I), und er verfügt auch über das Gesamtgut grundsätzlich frei, ebenso wie er sich und das Gesamtgut zu Verfügungen verpflichten kann; all dies im eigenen Namen; die Frau kann er nur verpflichten, wenn er Vollmacht dazu hat, § 1443 II. Die Fälle, in denen kraft Sonderrechtssatzes dem Manne die freie Einwirkung auf das Gesamtgut entzogen ist, sind aufgezählt in §§ 1444ff.:

a) Rechtsgeschäfte, in denen er sich zu einer Verfügung über das Gesamtgut im ganzen verpflichtet — eine einheitliche Verfügung über das Gesamtgut im ganzen wäre ja undenkbar! — also etwa ein Verpfründungsvertrag mit Einsatz des ganzen Gesamtguts; ferner Verfügungsgeschäfte zur Erfüllung solcher Verpflichtung;

b) Verfügungen über Gesamtgutsgrundstücke samt der Verpflichtung dazu, § 1445 — diese würde ja das Gesamtgut verhaften, § 1459, und so indirekt wieder zur Verfügung zwingen —; nicht entzogen ist dem Manne also die Verfügung über ein einzelnes Grundstücksrecht, und ebensowenig nach herrschender Meinung die Belastung eines ins Gesamtgut fallenden Grundstücks mit einer Restkaufgeldhypothek gleich beim Erwerbe (RG. 69, S. 177; OLG. 38, S. 247).

c) Zu einer Schenkung aus dem Gesamtgut und Erfüllung eines Schenkungsversprechens mit Gesamtgut, § 1446. Aber auch schon das Schenkungsversprechen bedarf zu seiner Wirksamkeit des Frauenkonsenses wegen der Haftung des Gesamtguts, außer wenn etwa der Mann von vornherein die Haftung auf Sonder- oder Vorbehaltsgut beschränken würde (Wolff, S. 236). In allen diesen Fällen äußert sich die Beschneidung der Rechte des Mannes darin, daß er der Einwilligung der Frau zu den genannten Rechtsakten bedarf; diese kann unter den in § 1447 näher bezeichneten Umständen durch das Vormundschaftsgericht ersetzt werden; ist dies nicht zu erreichen, so steht der Drittkontrahent dem Manne gegenüber ähnlich wie gegenüber der konsenslos verfügenden Frau im gesetzlichen Güterstand, § 1448; also kann Konvaleszenz durch Genehmigung eintreten; nur ist zu beachten, daß hier eine Spaltung der Rechtswirksamkeit zwischen Verfügungs- und Verpflichtungsgeschäft (analog §§ 1395, 1399) nicht vorkommen kann, da ja auch die Verpflichtungsgeschäfte des Mannes mit Rücksicht auf § 1459 schwebend unwirksam sind.

2. Die Frau hat prinzipiell überhaupt keine Verfügungsmacht über Gesamtgut. Ausnahmen sind gegeben durch Eilfälle, § 1450, und durch den selbständigen Betrieb eines Erwerbsgeschäftes, § 1452; ferner kann die Zustimmung des Mannes erteilt oder bei persönlichen Angelegenheiten der Frau durch das Vormundschaftsgericht ersetzt werden, § 1451; sie ist entbehrlich in den Fällen des § 1453; all dies ist dem gesetzlichen Güterstand angeglichen.

3. Das Prozeßführungsrecht hat prinzipiell der Mann im eignen Namen, § 1443; das Urteil wirkt dann auch für und gegen die Frau. Der Frau gibt das Gesetz die Befugnis zu Aktivprozessen in zwei Fällen ausdrücklich: zur revokatorischen Klage, § 1449, und zur Fortführung eines schon anhängigen Rechtsstreits, § 1454; im übrigen wird auf den gesetzlichen Güterstand zurückzugreifen sein; dort kehren die beiden Ausnahmen wieder in § 1407 Z. 1, 3; die entsprechende, in § 1400 enthaltene Regel dürfte auch für die AGG. zutreffen; also kann die Frau mit Zustimmung des Mannes und dann auch mit Wirkung für und gegen ihn prozessieren, und passiv muß sie auch ohne Rücksicht auf seine Zustimmung in jeden Prozeß einlassen, allerdings ist die Rechtskraftwirkung des Urteils dann auf ihr Sonder- und Vorbehaltsgut beschränkt, vgl. Stein, Vorb. 2 zu ZPO. § 52.

4. Der eheliche Aufwand fällt dem Gesamtgut zur Last, § 1458; der Begriff ist derselbe wie beim gesetzlichen Güterstand.

III. Die Haftung des Gesamtguts erstreckt sich auf die Gesamtgutsverbindlichkeiten; zu ihrer Deckung kann neben dem Sonder- und Vorbehaltsgut jedes Ehegatten auch Gesamtgut herangezogen werden.

1. Gesamtgutsverbindlichkeiten sind nun grundsätzlich alle Schulden der Eheleute; § 1459; für den Mann gilt hier von nicht die mindeste Ausnahme (beachte § 1357!),

hingegen sind gewisse Schulden der Frau ausgenommen, nämlich diejenigen, für die auch das eingebrachte Gut im gesetzlichen Güterstand nicht haften würde (§§ 1460—1462, genau entsprechend §§ 1412—1414). Außerdem entstehen Gesamtgutsverbindlichkeiten aus der Bereicherung des Gesamtguts infolge unkonsentierten Rechtsgeschäfts des Mannes oder der Frau, § 1455 (analog § 1399 II).

2. Außerdem haftet aber auch noch der Mann persönlich für alle Gesamtgutsverbindlichkeiten als Gesamtschuldner mit seinem ganzen übrigen, auch dem nicht zum Gesamtgut gehörigen Vermögen. Also haftet er auch für diejenigen Frauenschulden, die Gesamtgutsverbindlichkeiten sind, in dieser Weise, § 1459 II, und zwar ist weiter zu unterscheiden: Fallen die genannten Gesamtgutsverbindlichkeiten auch im Innenverhältnis dem Gesamtgut zur Last, so ist diese solidarische Mithaftung des Mannes zeitlich unbegrenzt; fallen sie im Innenverhältnis der Frau zur Last, so erlischt die Mithaftung des Mannes mit dem Ende des Güterstandes, § 1459 II a. E. Wann eine Gesamtgutsverbindlichkeit im Innenverhältnis vom einzelnen Ehegatten getragen werden muß, ergibt sich aus §§ 1463—1465, von denen die beiden ersten den §§ 1415, 1416 entsprechen; ohne Parallele im gesetzlichen Güterstande ist § 1465, wonach eine vom Manne gewährte Ausstattung eines gemeinschaftlichen Kindes nur im Rahmen des dem Gesamtgut entsprechenden Maßes Gesamtgutslast ist, darüber hinaus dem Mann zur Last fällt (wegen eines nicht gemeinschaftlichen Kindes vgl. § 1465 II). Hat also z. B. die Frau ein Delikt begangen, so haftet sie dafür persönlich mit Vorbehalts- und Sondergut, ferner das Gesamtgut (§ 1459 I) und der Mann persönlich (§ 1459 II 1), aber nur bis zur Beendigung des Güterstandes (§§ 1459 II 2, 1463); gegen spätere Inanspruchnahme wehrt er sich mit § 767 ZPO.

3. Relativ einfach geregelt ist die Zwangsvollstreckung ins Gesamtgut: Ein gegen den Mann gerichteter Titel ist stets erforderlich, aber auch genügend, § 740 ZPO., auch wenn die Frau mit Wirkung gegen das Gesamtgut prozessiert hat; nur beim Zugriff auf ein von der Frau selbständig betriebenes Erwerbsgeschäft tritt an Stelle des Titels gegen den Mann einer gegen die Frau, ZPO. § 741; über den Fall des § 743 s. unter IV. Jedoch ist auch durch diese Vorschriften nichts von den Erfordernissen der §§ 808, 809 ZPO., § 14 GBO. nachgelassen, falls die Frau im Besitze des Vollstreckungsobjekts ist oder ein Recht auf ihren Namen im Grundbuch eingetragen steht. U. U. ist deshalb eine Verurteilung auch der Frau zur Leistung oder zur Duldung der Zwangsvollstreckung zweckmäßig, vgl. Stein II zu § 740 ZPO, RG. Bd. 105, S. 21.

4. Im Konkurse des Mannes gehört das Gesamtgut zur Masse, nicht auch im Konkurse der Frau, § 2 KO.

IV. Die AGG. endet durch Auflösung der Ehe (wenn diese aber durch den Tod erfolgt, nur bei unbeerbter Ehe, s. unter V), bei bestehender Ehe durch Ehevertrag oder gerichtliches Urteil. Dieses kann auf Klage der Frau, aber auch des Mannes — denn auch er ist gefährdet — unter den in §§ 1468, 1469 näher bezeichneten Voraussetzungen ergehen; mit seiner Rechtskraft tritt Gütertrennung ein, § 1470.

In allen Fällen der Beendigung der AGG. kommt es zur Auseinandersetzung wegen des Gesamtguts. Die Gesamthand dauert zu diesem beschränkten Zwecke fort; sie tritt nunmehr in das Liquidationsstadium. Neuerwerb findet nun nicht mehr statt, wohl aber noch dingliche Surrogation, § 1473. Das Verhältnis der Ehegatten zum Gesamtgut festigt sich einerseits zur Verwaltungsgemeinschaft im eigentlichen Sinne des Wortes, § 1472, und lockert sich andrerseits durch die jetzt bestehende Möglichkeit der Pfändung der Anteile, ZPO. § 860 II. Auch gehören die Anteile jetzt zur Konkursmasse beider Ehegatten, KO. § 1. Zur Zwangsvollstreckung in das Gesamtgut ist fortan ein Titel gegen beide Eheleute erforderlich, und zwar gegen den persönlich haftenden stets auf Leistung, gegen den andern auf Duldung der Zwangsvollstreckung, § 743 ZPO. Die Auseinandersetzung selbst weist die üblichen Stadien jedes Liquidationsverfahrens auf: Berichtigung der Gesamtgutsverbindlichkeiten, § 1475, dazu gegebenenfalls Versilberung des Gesamtguts; dann Verteilung unter die Ehegatten zu gleichen Teilen, §§ 1476, 1477, mit Übernahmerecht, §1477 II. Die Gesamtgutsgläubiger sind dadurch geschützt, daß jeder Ehegatte nach der Teilung für nicht berichtigte Gesamtgutsverbindlichkeiten persönlich weiterhaftet, § 1480, aber durch die Einrede der Unzulänglichkeit (§§ 1990, 1991) seine Haftung auf die ihm zugeteilten ehemaligen Gesamtgutsgegenstände beschränken kann. Ein Anspruch auf Erfüllungsübernahme ist gegeben, falls derjenige Ehegatte nach § 1480 in Anspruch genommen wurde, der im Innenverhältnis die Last der Schuld nicht zu tragen hatte, § 1481. Eine Sonderregel für den Fall der Ehescheidung gibt § 1478: Der unschuldige Ehegatte kann Auseinandersetzung in der Weise verlangen, daß statt der Halbteilung jedem Ehegatten der Wert dessen ersetzt wird, was er ins Gesamtgut eingebracht hat (sog. Illatenersatz); dabei gelten die Regeln der Errungenschaftsgemeinschaft, § 1478 II; dann ist bloß der Rest (die Errungenschaft selbst) zu teilen.

V. Fortgesetzte Gütergemeinschaft. Wird die Ehe durch den Tod eines Ehegatten aufgelöst und sind gemeinschaftliche, zur gesetzlichen Erbfolge berufene Abkömmlinge vorhanden, so wird die Gütergemeinschaft behufs Verhinderung vorzeitiger Abschichtung zwischen den Abkömmlingen und dem überlebenden Ehegatten fortgesetzt; nicht jedoch, wenn die Fortsetzung durch Ehevertrag (§ 1508) oder Testament (§ 1509) ausgeschlossen wurde oder vom Überlebenden abgelehnt wird, § 1484. Nicht fortgesetzt wird die Gütergemeinschaft ferner mit einem Abkömmling, der erbunwürdig, §1506, oder durch letztwillige Verfügung ausgeschlossen ist, § 1511; dieser letztere gewinnt ein Pflichtteilsrecht, § 1511 II; ferner mit dem, der durch Vertrag mit dem Verstorbenen auf seinen Anteil verzichtet hat, § 1517, sowie mit nicht gemeinschaftlichen Abkömmlingen; diese haben Erbrecht wie gewöhnlich und schmälern damit das Gesamtgut. Nachträglich kann noch ein Abkömmling wegfallen durch Tod, § 1490, dann gilt Repräsentationsrecht seiner Abkömmlinge und bei Fehlen solcher Anwachsung an das Gesamtgut, und durch Verzicht, § 1491, dann gilt stets Anwachsung, § 1491 IV. Gesamtgut ist das alte eheliche Gesamtgut, vermehrt um den Erwerb des Verwitweten aus dem Nachlaß, der natürlich nur aus Sondergut oder Vorbehaltsgut des Verstorbenen bestehen kann, seinem Erwerb unter Lebenden, Nutzungen und Surrogate, § 1485; Nachlaßanteil und Erwerb der Abkömmlinge gehört nicht zum Gesamtgut und wird von ihnen frei verwaltet, § 1485 II. Infolgedessen haben sie auch weder Sonder- noch Vorbehaltsgut, wohl aber hat es der Verwitwete, § 1486. Bei der Verwaltung des Gesamtguts hat der Verwitwete die Stellung des Mannes, § 1487, die Abkömmlinge die der Frau (§ 1450 ist ausgenommen); die Schulden des Verwitweten sind also auch Gesamtgutsverbindlichkeiten und er haftet persönlich für diese, §§ 1488, 1489, kann aber seine Haftung auf das Gesamtgut beschränken bei solchen Schulden, die ihn erst infolge der Fortsetzung der Gütergemeinschaft treffen, also vor allem bei Schulden des Verstorbenen, § 1489 II. Ein dem Erbschein nachgeformtes Zeugnis schreibt § 1507 vor. Über das Ende der fortgesetzten GG. vgl. §§ 1492ff., über die Auseinandersetzung §§ 1497ff.

§ 14. Beschränkte Gütergemeinschaft.

Das Gesetz kennt zwei Formen: Errungenschafts- und Fahrnisgemeinschaft. Ihre Einführung ist nur vertragsmäßig möglich. Die sie regelnden Rechtssätze stellen sich im wesentlichen dar als eine Verbindung von Normen, die bereits für den gesetzlichen Güterstand und die AGG. aufgestellt waren. Auf die Einführung neuer, das Wesen dieser Güterstände schärfer erfassender Grundgedanken hat das Gesetz verzichtet und so vielleicht selbst dazu beigetragen, daß die Errungenschaftsgemeinschaft (ErrG.), obwohl sie in Deutschland die geschichtliche Priorität genießt und auch heute noch praktisch viel für sich hat, keine tiefen Wurzeln geschlagen hat.

I. Die Errungenschaftsgemeinschaft (reine ErrG.) kennt an Gütermassen sowohl eingebrachtes Gut beider Ehegatten als Gesamtgut als Vorbehaltsgut, aber letzteres nur bei der Frau, § 1526, und zwar nur rechtsgeschäftliches und surrogiertes; der Arbeitsverdienst der Frau fällt, anders als im gesetzlichen Güterstand, nicht ins Vorbehaltsgut, was mit Recht getadelt wird (besser Schweiz. ZGB. § 191 Z. 3).

1. Eingebrachtes Gut ist, was den Ehegatten vor Eintritt des Güterstandes gehörte, § 1520; es kann vermehrt werden durch Ehevertrag, § 1523, und wird kraft Gesetzes vermehrt um Erwerb nach § 1521, Sondergut, § 1522, und Surrogation, § 1524. Die Nutzungen jedoch fallen ins Gesamtgut, § 1525, das andrerseits die Lasten des eingebrachten Guts und den ehelichen Aufwand trägt, § 1529. Die Verwaltung beider eingebrachter Güter liegt beim Manne, der das seinige frei verwaltet, das der Frau nach den Grundsätzen der Nutzverwaltung, § 1525 II, es bestehen also auch dieselben Verfügungsbeschränkungen wie dort. Wer eingebrachtes oder Vorbehaltsgut behaupten will, muß es beweisen; die Vermutung spricht für Gesamtgut, § 1527. Zur Beweiserleichterung dient das Inventar über eingebrachtes Gut, § 1528.

2. Gesamtgut ist der eheliche Erwerb, § 1519, soweit er nicht ausnahmsweise ins eingebrachte Gut fällt. Für das Gesamtgut gelten die Regeln der AGG., also Unisalsukzession, Verwaltungsrecht des Mannes usw.

3. Auch die Schuldenhaftung ist durch Verweisungen geregelt. Zu unterscheiden sind Gesamtgutsverbindlichkeiten und Verbindlichkeiten des eingebrachten bzw. Vorbehaltsguts. Gesamtgutsverbindlichkeiten sind alle Mannes- und ausgewählte Frauenschulden, § 1530. Hier verläßt also das Gesetz sein System der negativen Haftungsbestimmung: die Frauenschulden, für die das Gesamtgut haftet, werden in §§ 1531—1534 positiv aufgezählt und stellen einen Ausschnitt aus der Zahl der beim gesetzlichen Güterstand durch Umkehrschluß gewonnenen Vollschulden dar (es fehlen insbesondere die vorehelichen und die Deliktsschulden). Für die Gesamtgutsverbindlichkeiten haftet der Mann auch persönlich und mit seinem Eingebrachten, § 1530 II; die Frau haftet mit ihrem Eingebrachten nur insoweit, als sie auch beim gesetzlichen Güterstand haften würde, §§ 1525 II, 1411 ff. Eine besondere Regelung erfährt die Ausgleichungspflicht unter den Ehegatten, §§ 1535ff., insbesondere fallen viele Frauenschulden intern dem Manne zur Last, § 1536.

4. Die ErrG. endet nicht nur aus allen den Gründen, aus denen die AGG. endigt, sondern auch aus den Endigungsgründen des gesetzlichen Güterstands, so vor allem Konkurs des Mannes, § 1543; Todeserklärung des Mannes, § 1544; hinzu tritt Todeserklärung der Frau, § 1544. Eine Besonderheit ist ferner die Klage auf Wiederherstellung der ErrG., § 1547 (ähnlich § 1425).

II. Die Fahrnisgemeinschaft (FahrnG.) ist aufgenommen wesentlich mit Rücksicht auf das Gebiet des rheinischen Rechts, wo die FahrnG. des Code civil gesetzlicher Güterstand war. Große Bedeutung kommt ihr kaum mehr zu. Schon die Motive (IV, S. 151) tadeln mit Recht „die Prinziplosigkeit des Maßstabes, nach dem der Umfang desjenigen, was unter den Ehegatten gemeinsam sein soll, bestimmt wird.“ Das Absterben der FahrnG. ist ein Symbol für die fortschreitende Verwischung des Unterschiedes zwischen Fahrnis- und Liegenschaftseigentum; Zeiten, die wieder familienhafter denken, kommen vielleicht auf ein ähnliches System zurück.

1. Das Gesamtgut umfaßt die Fahrnis und die gesamte eheliche Errungenschaft, einschließlich etwa dazu gehöriger Grundstücke, § 1549; die FahrnG. ist also eine erweiterte ErrG. Das Gesamtgut folgt den Regeln der AGG., § 1549.

2. Alles unbewegliche vorgüterständliche Vermögen ist eingebrachtes Gut eines der Ehegatten; es wird vermehrt durch Ehevertrag oder sonstiges Rechts-

geschäft, § 1553; durch Sondergut, § 1552; Surrogation, § 1554; wobei, wie bei der AGG., die Surrogate des Sonderguts ausgenommen sind. Bei dieser Gelegenheit umschreibt das Gesetz auch den Kreis der zum unbeweglichen Vermögen gehörigen Rechte, § 1551 II.

3. Vorbehaltsgut hat nur die Frau, § 1555.

4. Die Schuldenhaftung des Gesamtguts richtet sich nach AGG., die des Eingebrachten nach gesetzlichem Güterrecht, der Innenausgleich und das Ende des Güterstandes wiederum nach AGG. Fortgesetzte FahrnG. kann vereinbart werden, § 1557 (unpraktisch).

Zweites Kapitel.

Eltern und Kinder.

§ 15. Eheliche Abstammung.

I. Die Feststellung ehelicher Abstammung ist für die mannigfaltigsten Verhältnisse von Bedeutung, und es besteht ein öffentliches Interesse daran, daß nicht durch ihre leichtfertige Anzweiflung der Familienfriede zerstört werde. Zunächst wird der Beweis der Ehelichkeit geführt durch die Eintragung in das Geburtsregister des Standesbeamten (PStG. § 15). Der Standesbeamte hat als eheliches einzutragen jedes in der Ehe oder 302 Tage nach ihrer Auflösung geborene Kind; für dessen Ehelichkeit streitet die Vermutung (§§ 1591, 1593).[1] Auf Erzeugung in der Ehe kommt nichts an; wenn nur das Kind in der Ehe geboren ist, dann hat es die Rechte eines ehelichen; dadurch soll gerade ein Anreiz zur Verheiratung geschaffen werden. Es muß jedoch dem Ehemann der Mutter die Möglichkeit offengehalten werden, ein Kind, das im Widerspruch mit den Tatsachen als ehelich gilt, zu verleugnen. Er, aber auch nur er persönlich (§ 1595 I, beachte II) kann die Ehelichkeit anfechten, und zwar binnen Jahresfrist von der Geburt an, § 1594. Bei Lebzeiten des Kindes bedarf es der Anfechtungsklage gegen das Kind, § 1596, nach seinem Tode der formalisierten Erklärung gegenüber dem Nachlaßgericht, § 1597. Indessen verwirkt der Mann das Anfechtungsrecht durch Fristversäumnis, aber auch durch formfreie Anerkennung[2]) des Kindes, § 1598; das Kind bleibt nun unanfechtbar ehelich. Solange der Mann im Besitze des Anfechtungsrechtes ist, oder wenn er es einmal verwirkt hat, kann niemand, auch nicht das Kind selbst, die Unehelichkeit geltend machen, § 1593. Hat er aber angefochten oder ist er im Besitze des Anfechtungsrechtes gestorben, so kann es jedermann, und zwar bei jeder Gelegenheit, auch incidenter im Laufe eines anderen Rechtsstreites.

II. Für die Anfechtung selbst gelten folgende Regeln:

1. Zunächst muß widerlegt werden, daß die Mutter das Kind vom Ehemanne empfangen hat. Das Gesetz stellt nämlich die Vermutung auf, daß der Mann der Frau innerhalb der Empfängniszeit beigewohnt habe, § 1591 II. Empfängniszeit ist ein vom Gesetz bindend bestimmter Zeitraum, nämlich vom 181. bis zum 302. Tage von der Geburt an rückwärts gerechnet, § 1592 I. Verlängerung der Empfängniszeit auf Grund von Sachverständigenaussagen ist möglich[3]), aber nicht Verkürzung, § 1592 II. Die Beiwohnungsvermutung gilt zunächst nur für den in die Ehe fallenden Teil der Empfängniszeit, darüber hinaus nur wenn der Mann ohne anzufechten gestorben ist, § 1591 II.

[1]) Vgl. jetzt Raape, Vorläufige Ehelichkeit, Arch. ziv. Pr. 120, S. 294 ff. (1922).
[2]) Sie ist selbst wieder anfechtbar, § 1599.
[3]) Eine Verlängerung der gesetzlichen Empfängniszeit wird auch von Ärzten befürwortet, vgl. Zangemeister im Recht, 1917, S. 346ff.

2. Ist die Beiwohnungsvermutung nicht entkräftet, so ist nur der weitere Beweis gestattet, daß es offenbar unmöglich war, daß die Frau das Kind von dem Ehemanne empfangen habe (etwa infolge Krankheit, Zeugungsunfähigkeit usw). Nicht genügt erwiesener Geschlechtsverkehr der Frau mit andern Männern; es gibt hier keine Analogie zur exceptio plurium (s. unten § 18 II); auch das nur möglicherweise eheliche Kind wird unwiderlegbar als solches gewertet.

3. Bei späterer Geburt als 302 Tage nach Auflösung der Ehe kann die Unehelichkeit unbeschränkt geltend gemacht werden; doch findet auch hier zugunsten der Ehelichkeit § 1592 II Anwendung.

§ 16. Rechtsstellung der ehelichen Kinder.

I. Auch auf diesem Gebiete ist das BGB. nur ein Glied in der Kette einer noch lange nicht abgeschlossenen Entwicklung. Das „Jahrhundert des Kindes“, an dessen Schwelle unser Gesetz steht, hat einen weisen Ausgleich zu schaffen zwischen dem im indogermanischen Rechtskreis besonders tief eingewurzelten Patriarchalismus und dem auch im Rechtsleben nach Ausdruck ringenden Interesse des Kindes an der Entfaltung seiner Individualität. Dem in diesem Punkte auffallend konservativen römischen Recht mit seiner das Hauskind zu Lebzeiten des Vaters völlig beherrschenden patria potestas hatte das deutsche Recht den Gedanken entgegengesetzt, daß die Verheiratung oder Erlangung wirtschaftlicher Selbständigkeit die elterliche Gewalt beende (emancipatio Saxonica, heute noch Schweiz. ZGB. § 14). Im heutigen Recht endet die elterliche Gewalt gleichmäßig für Söhne und Töchter mit der Erreichung der Volljährigkeit, § 1626, die ja für den Mann zugleich die Ehemündigkeit bedeutet; Verheiratung einer minderjährigen Tochter schränkt sie nur ein, § 1633. Ehe macht also heute nicht mündig, sondern läßt das Vertretungsrecht des Vaters bestehen — ein mit dem Wesen der Ehe schlecht vereinbarer Satz. Aber noch andere Entwicklungstendenzen des heutigen Rechts verdienen prinzipielle Beachtung: Einmal die zunehmende Verwandlung der wesentlich selbnützigen patria potestas in ein Verhältnis von Rechten und Pflichten; es liegt im Zuge der Zeit, auf die Pflichten entscheidendes Gewicht zu legen. Hier wäre hervorzuheben, daß immer noch bedauerlicherweise der Inhaber der elterlichen Gewalt nur für culpa in concreto haftbar gemacht wird, § 1664. Ferner die gleichmäßige Anteilnahme von Vater und Mutter an der Ausübung der elterlichen Gewalt. Hier ist das Gesetz auf halbem Wege stehengeblieben, indem es der Mutter nur eine sehr bescheidene Nebengewalt einräumt (§ 1634) und so die Frau von einem Gebiete verdrängt, das ihr ureigenstes sein und bleiben sollte. Endlich ist der grundsätzlichen Frage zu gedenken, inwieweit der Staat durch seine Organe in die Geschicke auch derjenigen Kinder eingreifen soll, die im Schoße einer Familie aufwachsen. Bis jetzt übte er nur im Vormundschaftsgericht (VG.) eine sehr milde Erziehungskontrolle aus. Aber eine Zeit wie unsre, die mit vielen andren Autoritäten auch die der Familie zu untergraben droht, erfordert schärfere Maßnahmen, und in der Tat bedeutet das RJWG. vom 9. 7. 1922 zweifellos einen Schritt auf diesem Wege.

II. Von der Unterworfenheit des Kindes unter die elterliche Gewalt ist zu unterscheiden die Stellung, die es kraft seiner Zugehörigkeit zum elterlichen Haushalt einnimmt. Diese ist grundsätzlich von der Volljährigkeit durchaus unabhängig.

1. Solange ein Kind dem elterlichen Hausstande angehört, ist es zunächst dienstpflichtig nach Maßgabe des § 1617. Dem elterlichen Hausstande gehört es an, solange es dort den Mittelpunkt seiner Lebensbeziehungen hat, auch wenn es längere Zeit von Hause abwesend ist, und nur gelegentlich zurückkehrt, aber doch nicht als Gast, sondern als heimatberechtigt. Bei minderjährigen Kindern ist die Dienstpflicht Ausfluß des Erziehungsrechts, bei volljährigen Korrelat des unentgeltlich gewährten Unterhalts. Die Dienste müssen den Kräften und der Lebens-

stellung des Kindes entsprechen; öffentlichrechtliche Vorschriften (Kinderschutzges. vom 31. 3. 1903) sind zu beachten; Versicherungspflicht besteht nicht, RVO. § 176 Z. 2. Ferner sind die Dienste unübertragbar und nur im Hauswesen oder Geschäft der Eltern zu leisten. Freilich bleibt es den Eltern unbenommen, über den § 1617 hinaus noch einen Dienstvertrag mit dem Kinde zu schließen; zum Vertragsschlusse kann der Vater das Kind nach § 113 ermächtigen, und es bedarf dann nicht der Pflergebestellung[1]). Auch die Vermögensbeziehungen werden durch die Hausangehörigkeit eigenartig beeinflußt. Wenn das volljährige Kind aus seinem — an sich seiner völlig freien Verwaltung und Nutznießung unterliegenden — Vermögen einen Haushaltsbeitrag leistet, so gilt die Auslegungsregel, daß dies ohne die Absicht geschieht, Ersatz zu verlangen, § 1618 (analog § 1429); und wenn es sein Vermögen freiwillig der elterlichen Verwaltung überläßt, so gilt nach § 1619 der Verwalter als ermächtigt, Überschüsse über die Verwaltungskosten und Verwaltungslasten frei zu verwenden, wenn das Kind nicht anderes bestimmt und die Überlassung nicht zurücknimmt (analog § 1430).

III. Ebenfalls nicht Ausflüsse der elterlichen Gewalt sind die in verschiedenen Rechtskreisen verschieden ausgestatteten Rechtsinstitute der Ausstattung und Aussteuer. Auch hier dürfte der Standpunkt des BGB., das nur der heiratenden Tochter einen klagbaren Aussteueranspruch, Söhnen und Töchtern aber, die sich selbständig machen wollen, kein festes Recht auf die Ausstattung gibt, nur ein Durchgangspunkt sein (besser schon PrALR. II 2, §§ 232, 235ff.).

1. Der Oberbegriff ist der der Ausstattung, § 1624: Alles was einem Kinde mit Rücksicht auf Heirat oder Erlangung einer selbständigen Lebensstellung zugewendet wird; ein gesetzlicher Anspruch auf eine solche Zuwendung besteht nicht, andrerseits aber gilt sie nicht als Schenkung, soweit sie nicht das den Umständen, insbesondere den Vermögensverhältnissen von Vater und Mutter entsprechende Maß übersteigt. Also gelten nicht die spezifischen Schenkungsregeln, nicht das Formerfordernis des § 518 für das Ausstattungsversprechen, nicht das Widerrufsrecht wegen Verarmung, das Rückforderungsrecht wegen Undankes, die besondere Schenkungsanfechtung in und außerhalb des Konkurses (str.) für die gewährte Ausstattung. Wohl aber richtet sich die Gewährleistungspflicht wegen Rechts- und Sachmängeln stets nach Schenkungsrecht, § 1624 II. Hat das Kind eignes Vermögen, so ist die Ausstattung im Zweifel daraus entnommen, § 1625; ebenso ist sie bei späterer Beerbung des Ausstattenden zur Ausgleichung zu bringen, § 2050, stellt also eine vorweggenommene Erbfolge dar. — Ein noch weiterer Begriff, den das Gesetz aber nicht verwendet, ist der dem Sprachgebrauch des Lebens entnommene der Mitgift[2]). Diese kann Ausstattung sein, wenn sie vom Vater oder Mutter herrührt, aber auch ein Dritter kann sie geben; auch dann dürfte sie nicht immer eine unentgeltliche Zuwendung darstellen, dies ist vielmehr von Fall zu Fall zu prüfen (RG. 62, S. 273, Haymann, Jahrb. f. Dogm. 56, S. 125ff.).

2. Aus dem Gesamtbegriff der Ausstattung herausgehoben und zu einer Rechtspflicht des Vaters und hilfsweise auch der Mutter (§ 1620 I 2) ausgestaltet ist die der Tochter bei der Verheiratung zu gewährende Aussteuer, §§ 1620f. Sie besteht aus den beweglichen Sachen, die der Tochter zur Einrichtung des Hausstandes gegeben werden, und zwar muß die Aussteuer eine angemessene sein, wobei die Vermögensverhältnisse der Eltern mit Rücksicht auf die noch vorhandenen Kinder (nicht bloß Töchter!) sowie die Lebensstellung des Ehemanns in Ansatz zu bringen sind. Ihren eigenen standesgemäßen Unterhalt zu gefährden wird jedoch den Eltern nicht zugemutet. In erster Linie geht der Aussteueranspruch auf die Sachen selbst; doch

---

[1]) Anders wohl beim Lehrvertrag mit Rücksicht auf § 126b Gew.O., vgl. Lotmar, Arbeitsvertrag, I, S. 258. Stier-Somlo, Gew. O.[2] (1923) S. 658.

[2]) Neubecker, Die Mitgift in rechtsvergleichender Darstellung, 1909.

wird man den Eltern u. U. (z. B. bei Verfeindung, Verschiedenheit der Lebensstellung usw.) Pflicht und Recht zuerkennen müssen, in Geld auszusteuern, § 242. Der Aussteueranspruch entsteht mit der Schließung einer gültigen Ehe (vorher ist Klage auf künftige Leistung nur nach Maßgabe des § 259 ZPO. zuzulassen, str.) er ist, außer bei schon bestehender Gütertrennung, vom Manne geltend zu machen (§§ 1380, 1439, 1522, 1552); ferner ist er unübertragbar, aber vererblich, d. h. der Mann kann auch noch nach dem Tode der Frau Ersatz für eine etwa von ihm angeschaffte Aussteuer fordern[1]). Gegen ihn kann geltend gemacht werden:

a) als anspruchsvernichtende Einwendung, daß die Tochter eigenes Vermögen hat, § 1620, oder daß sie schon eine Aussteuer erhalten hat, § 1622;

b) als peremptorische Einrede, daß die Ehe ohne elterliche Einwilligung eingegangen wurde, oder daß die Tochter aussteuerunwürdig ist, § 1621. Die Gewährleistung für Rechts- und Sachmängel der Aussteuer bestimmt sich nach Kaufrecht (zu Unrecht bestr. wegen § 1624 II; Buchstabeninterpretation!).

§ 17. Elterliche Gewalt des Vaters.

Die elterliche Gewalt besteht aus drei Hauptelementen: der Sorge für die Person des Kindes, der Sorge für sein Vermögen, endlich der Nutznießung am Kindesvermögen.

I. Die Fülle der aus der Sorge für die Person erwachsenden Rechte und Pflichten ließ sich im Gesetz nicht auffangen. § 1631 enthält nur einen Ausschnitt: Erziehungsrecht[2]), Beaufsichtigungspflicht, Recht, den Aufenthalt des Kindes zu bestimmen. Nicht erwähnt ist z. B. das Recht des Vaters, dem Kinde den Vornamen beizulegen. Den Familiennamen erwirbt es ipso jure mit der Geburt, § 1636. Die Aufsichtspflicht spielt eine besondere Rolle im Rechte der unerlaubten Handlungen, § 832. Von der Erziehung im einzelnen ist hier nicht zu handeln; sie ist Charakterbeeinflussung mit psychischen Mitteln. Auch die dem Vater zustehenden[3]) Zuchtmittel, §1631 II sind ihm nur aus dem Erziehungsgedanken heraus gegeben und dem Erziehungszweck anzupassen; auch sie dienen nur zur Verstärkung der psychischen Einwirkung auf das Kind. Das Vormundschaftsgericht hat zur Unterstützung des Vaters mit geeigneten Zuchtmitteln einzugreifen, § 1631 II. Das Recht, den Aufenthalt des Kindes zu bestimmen, verdichtet sich gegebenenfalls zum Anspruch auf Heraus-

---

[1]) Abweichende jüdische Aussteuersitten erklärt RG., JW. 1921, S. 1455, mit Recht für unbeachtlich. A. M. Fuchs, ebenda 1922, S. 20.

[2]) Das bisher nach EGBGB. § 134 den Landesgesetzen überlassene Recht der religiösen Kindererziehung ist jetzt geregelt durch Reichsges. v. 15. 7. 1921 (aus der Lit.: Perels in Leipz. Zschr. 1921, Nr. 21, 22; v. d. Pfordten, Rel. Kindererz. 1922; Engelmann, Kommentar 1922. Das Kind unterliegt der rel. Erz. von seiner Geburt bis zum vollendeten 14. Lebensjahre (§ 5) mit stetig steigenden Rechten (R. auf Gehör vom 10., § 2 a. E., §3 II 5, auf Konstanz der Erz. vom 12. Jahre ab, § 5 II). „Erz." ist dabei schon die Zuweisung zu einem bestimmten Bekenntnis, etwa die Taufe in diesem; „religiöse" Erz. auch die in einer „Weltanschauung", also letzten Endes die vollkommen dogmenlose Erz., wenn nicht gerade Mißbrauch (BGB. § 1666) vorliegt. Das Erziehungsrecht, selbst beruht nach § 1 auf „freier Einigung" der Eltern; diese ist aber beileibe kein Vertrag, denn Erziehungsverträge sind „ohne bürgerliche (!) Wirkung", § 4. Sie ist vielmehr frei widerruflich und wird durch den Tod eines der Eltern gelöst; bei Widerruf gelten nach § 2 die Normen des BGB., also in der normalen Ehe letzten Endes wieder der Wille des Vaters, § 1634. Die Zustimmung der Mutter ist nur dann einzuholen, wenn ein Bekenntniswechsel oder Abmeldung vom Religionsunterricht (unklarer Begriff!) erfolgen soll, § 2 II. In der Mischehe fehlt ihr die Möglichkeit, auf die Wahl des Bekenntnisses einzuwirken. Diese Regelung ist unbefriedigend und wird in vielen Fällen zu dem hier doppelt bedenklichen Eingreifen des VG. (§ 7) in die rel. Erz. führen müssen. Für den völligen gesetzlichen Anschluß formbedürftiger Erziehungsverträge bestand kein zureichender Grund. Indessen sind wenigstens bestehende Verträge unberührt geblieben, § 9.

[3]) Über das Züchtigungsrecht Dritter herrscht lebhafter Streit; vgl. etwa OLG. Jena, DJurZ. 1913, S. 296; Kohler, Lehrb., S. 419. Bei der heutigen Verrohung der Jugend dürfte seine Anerkennung sehr am Platze sein.

gabe des Kindes, vindicatio liberorum, § 1632. Das Kind am Fortlaufen hindern, wenn nötig mit Gewalt, ist selbstverständlicher Ausfluß des Erziehungsrechts; dann aber richtet sich der Anspruch des § 1632 gegen jeden, der dem Kinde das Fortbleiben ermöglicht oder es dem Vater rechtswidrig vorenthält, seinen Aufenthalt verschweigt, dem Vater den Zutritt verwehrt, selbst unter Behauptung eines Rechtes (beachte § 1636). Die Vollstreckung richtet sich nicht nach § 883 ZPO. (so RG., JurW. 1904, S. 557), es soll sich kein Handgemenge um das Kind entspinnen, sondern nach § 888, so jedenfalls wenn der Dritte Angaben über den Verbleib des Kindes zu machen hat, aber auch in anderen Fällen (str.). Über die Stellung der Mutter vgl. § 1634, unten § 17.

II. In der Mitte zwischen Personen- und Vermögenssorge steht das Recht des Vaters, das Kind zu vertreten; es gehört beiden Elementen an, § 1630. Soweit es die persönlichen Angelegenheiten des Kindes anbetrifft, ist es der einzige Rest von Personensorge, das dem Vater selbst bei der Verheiratung der Tochter verbleibt, § 1633. In Bezug auf das Vermögen bleibt es auch dann ganz bestehen. In Vermögensangelegenheiten ist das Vertretungsrecht des Vaters beschränkt:

1. durch das Schenkungsverbot des § 1641. Das ergibt den eigenartigen Rechtszustand, daß ein Minderjähriger weder selbst noch durch einen gesetzlichen Vertreter (beachte § 1804!) eine Schenkung aus nicht freiem Vermögen vollziehen kann, ausgenommen Anstandsschenkungen;

2. durch das auch den Vormund treffende Vertretungsverbot wegen Kollisionsgefahr, § 1630 II, 1795, nebst dem dort zitierten allgemeinen Selbstkontrahierungsverbot des § 181, es bedarf der Pflegerbestellung;

3. durch die Pflicht, zu gewissen Rechtsakten die Genehmigung des VG. einzuholen. Diese besteht für den Vater:

a) in Vermögensangelegenheiten des Kindes, wenn auch in einer geringeren Anzahl von Fällen als für den Vormund, § 1643 mit § 1821 ff., vgl. unten § 21 IV;

b) in einer ganzen Reihe von Angelegenheiten der Personenvertretung, vgl. §§ 1336 II, 1595 II, Staatsangehör.Ges. § 19 für Entlassung aus dem Staatsverband usw. —

III. Der Vermögenssorge, in § 1638 Vermögensverwaltung genannt, ist an sich alles Kindesvermögen unterworfen, mit Ausnahme des unter Lebenden oder von Todes wegen als verwaltungsfrei zugewendeten Vermögens und seiner Surrogate, § 1638 II. Über die in einem solchen Falle einzuleitende Pflegschaft vgl. § 1909 I 2. Aber auch was das Kind durch freie (§ 112) oder unselbständige (§ 113) Arbeit im Rahmen der durch diese Bestimmungen erweiterten Geschäftsfähigkeit erwirbt, wird verwaltungsfreies Vermögen. Die Vermögensverwaltung umfaßt, abgesehen von dem bereits behandelten Vertretungsrecht, noch das Besitznahmerecht, § 1652, sowie das Recht, über Gegenstände des Kindesvermögens zu verfügen, und zwar auch im eignen Namen, im Rahmen der diligentia quam suis, § 1664, und der vormundschaftlichen Genehmigung. Gegenstände, über die der Vater nicht frei verfügen kann, kann er auch nicht dem Kinde zu freier Verfügung überlassen, § 110 ist ausgeschaltet, § 1644. Erwirbt der Vater im eigenen Namen mit Mitteln des Kindes bewegliche Sachen, ihnen gleichgestellte Wertpapiere oder schlicht abtretbare Rechte, so gilt dingliche Surrogation, soweit nicht die Vermutung des Erwerbswillens für das Kind widerlegt wird, § 1646.

Die vom Gesetz dem Vater auferlegten Pflichten sind gering: eine Sollvorschrift betrifft die mündelsichere (vgl. unten § 21 III) Anlage des Kindesvermögens, § 1642, eine Inventarisierungspflicht gilt nur ausnahmsweise, nämlich beim Tode der Mutter, § 1640, und bei Wiederverheiratung des geschiedenen Vaters, § 1669. Die Vermögensverwaltung kann auch allein, unter Fortdauer der übrigen Bestandteile der elterlichen Gewalt, enden, und zwar im Falle des Konkurses des Vaters, § 1647 und bei Entziehung durch das VG., § 1666, s. unten. Schwächere, die Vermögensverwaltung betreffende Maßnahmen gibt dem Vormundschaftsrichter § 1667 an die Hand.

IV. Die Nutznießung des Vaters ergreift grundsätzlich auch das gesamte Kindesvermögen; doch gibt es kraft Gesetzes und Rechtsgeschäfts nutznießungsfreies Kindesvermögen; kraft Gesetzes sind freies Vermögen, entsprechend dem gesetzlichen Vorbehaltsgut der Frau, die persönlichen Gebrauchsgegenstände, insbesondere Kleider, Schmucksachen und Arbeitsgeräte, § 1650 (ohne Surrogation), ferner der Arbeitsverdienst und Geschäftsgewinn, ersterer ohne Rücksicht auf erweiterte Geschäftsfähigkeit, letzterer nur im Rahmen des § 112; kraft Rechtsgeschäfts kann freies Kindesvermögen geschaffen werden nach § 1651 Z. 2; für die beiden letzterwähnten Fälle gilt Surrogationsprinzip, § 1651 II. Der Dritte kann also nutznießungsfreies Vermögen unter väterlicher Verwaltung schaffen oder verwaltungsfreies unter Nutznießung oder gänzlich freies durch Kombination von § 1638 mit § 1651 Z. 2. Infolgedessen ist die Nutznießung auch verschieden ausgestaltet, je nachdem, ob sie mit der Verwaltung verbunden ist oder nicht.

1. Die Nutznießung mit Verwaltungsrecht ist nießbrauchsähnlich ausgestaltet, § 1652. Der Vater erwirbt also die Früchte mit der Trennung, § 954. Befinden sich hingegen im Kindesvermögen verbrauchbare Sachen, so erwirbt er nicht Eigentum, § 1067, sondern nur Verfügungsrecht im eignen Namen mit der Pflicht des Wertersatzes, § 1653; anders wieder wenn die verbrauchbaren Sachen zu einem Erwerbsgeschäft gehören, das der Vater für das Kind betreibt (nicht § 112!): Hier hat der Vater überhaupt kein eigentliches Nutzungsrecht, sondern nur den obligatorischen Anspruch auf den sich aus der Jahresbilanz ergebenden Reingewinn, soweit dieser nicht zunächst zur Verlustausgleichung verwendet werden muß, § 1655; auch dieser Anspruch ist, solange er nicht fällig ist, wie die ganze Nutznießung, der Pfändung entzogen, ZPO. § 862, während für die Früchte und die fällig gewordenen Einzelansprüche aus § 1655 dieselben Pfändungsbeschränkungen bestehen wie für die Früchte des eingebrachten Gutes, ZPO. §§ 862 II, 861 I 2. Als Korrelat der ihm zustehenden Nutzungen hat der Vater die Lasten des Kindesvermögens zu tragen und haftet, ähnlich wie der Mann für die Lasten des eingebrachten Guts, den Gläubigern des Kindes für deren Berichtigung auch persönlich, § 1654. Im übrigen besteht keine Haftung des Vaters für Schulden des Kindes; hingegen haftet das der Verwaltung unterliegende Kindesvermögen für alle Kindesschulden ohne Rücksicht auf die väterliche Verwaltung und Nutznießung, § 1659; es bedarf nicht einmal eines Duldungstitels gegen den Vater, ZPO. § 746; auch der Besitz des Vaters kann ohne Rücksicht auf ZPO. § 809 gebrochen werden, denn dieser ist kein „Dritter" im Sinne dieser Bestimmung, sondern gesetzlicher Vertreter des Vollstreckungsschuldners, vgl. STEIN II zu ZPO. § 746. Im Innenverhältnis zwischen freiem und nicht freiem Kindesvermögen gelten ebenfalls dem gesetzlichen Güterrecht nachgeformte Regeln, § 1660.

2. Die Nutznießung ohne Verwaltungsrecht, deren Hauptfälle sich ergeben aus §§ 1638, 1647, 1666, auch 1685 I, erschöpft sich wesentlich in einem ebenfalls unpfändbaren, konkursfreien obligatorischen Anspruch auf die vom Standpunkt der ordnungsmäßigen Verwaltung und Lastentragung des Kindesvermögens entbehrlichen Nutzungen, § 1656; selbst ausüben kann der Vater die Nutznießung nicht, es sind aber grundsätzlich alle Nutzungen von dem zur Vermögensverwaltung berufenen gesetzlichen Vertreter an ihn abzuführen, und nur ganz ausnahmsweise können die zum Unterhalt des Kindes unmittelbar erforderlichen Beträge vorweg entnommen werden, § 1656 II.

3. Die Nutznießung für sich allein endet, wenn eine Tochter heiratet, § 1661; außer wenn dies ohne die erforderliche elterliche Einwilligung geschieht, dann tritt zwar, anders als bei fehlender Genehmigung des gesetzlichen Vertreters (§ 1364), der gesetzliche Güterstand ein, aber es wird die väterliche Nutznießung von der

Nutzverwaltung des Ehemanns nur insoweit verdrängt, als sie die Form für den diesem zu leistenden Unterhalt bildet, §§ 1360 II, 1609 II. Ferner kann der Vater auf die Nutznießung verzichten, und zwar im ganzen und — was ohne triftige Gründe geleugnet wird[1]) — an den einzelnen Gegenständen, § 1662; endlich kann sie ihm unter bestimmten Voraussetzungen vom VG., entzogen werden, § 1666 II.

V. Das Gesetz unterscheidet Ruhen und völlige Beendigung der väterlichen Gewalt.

1. Ruhen bedeutet lediglich Verlust der Ausübungsmöglichkeit, die zunächst auf die Mutter übergeht, § 1685, aber mit Verbleib der verwaltungslosen Nutznießung beim Vater (Ausnahme § 1685 II). Das Ruhen kann haben:

a) rechtliche Gründe: Geschäftsunfähigkeit, § 1676 I, Geschäftsbeschränktheit, Unterstellung unter eine Pflegschaft, § 1676 II; in den beiden letzten Fällen verbleibt dem Vater neben der Mutter oder einem zu bestellenden gesetzlichen Vertreter die Personensorge;

b) tatsächliche Gründe, die aber nicht von selbst wirksam werden, sondern erst dadurch, daß das VG. ihr Vorhandensein feststellt, § 1677; mit der Feststellung ihres Wegfalls endet entsprechend auch das Ruhen, § 1677 II.

2. Beendigung der elterlichen Gewalt des Vaters tritt ein mit dem Tode des Kindes, nicht auch mit einer zu Unrecht erfolgten Todeserklärung; ferner durch Erlangung der Volljährigkeit, Adoption des Kindes; endlich durch den Tod des Vaters, aber auch durch die ihn betreffende Todeserklärung, § 1679; die Wiederherstellung seiner Rechte kann der Vater durch einseitige an das VG. gerichtete Willenserklärung herbeiführen, § 1679 II. Ein weiterer Grund für die Endigung ist die Verwirkung der elterlichen Gewalt. Sie tritt mit der Rechtskraft des Urteils ein, das den Vater wegen eines an dem Kinde begangenen Verbrechens oder vorsätzlich verübten Vergehens zu Zuchthaus oder mindestens sechs Monaten Gefängnis verurteilt (§ 1680). Die nachträgliche Begnadigung ändert daran nichts; dem Vater verbleibt lediglich das Recht auf persönlichen Verkehr mit dem Kinde, und auch dieses kann ihm, wenn das Interesse des Kindes es erheischt, vom VG. entzogen werden (str.). Endlich erreicht die elterliche Gewalt dadurch ein Ende, daß ihre sämtlichen Bestandteile dem Vater durch das VG. entzogen werden. Für die Vermögensverwaltung und Nutznießung bietet die Handhabe dazu § 1666 II, für die Personensorge § 1666 I. Die Entziehung der Personensorge ist zweifellos die stärkste Maßnahme, die das VG. treffen kann und zur Verhütung der Verwahrlosung oder sonstigen Gefährdung des Kindes treffen soll; Gehör der Beteiligten und sonstiger Interessenten ist vorgeschrieben, § 1673. Im Falle völliger Entziehung der elterlichen Gewalt ist dem Kinde ein Vormund zu bestellen, § 1773. Die Mutter kommt deshalb nicht zum Zuge, weil nicht eine tatsächliche, sondern eine rechtliche Behinderung des Vaters vorliegt, die Voraussetzungen des § 1685 also nicht gegeben sind. Die weiteren vom VG. sonst noch zu treffenden Maßnahmen richten sich nach dessen freiem Ermessen; es kann insbesondere Unterbringung in einer Familie oder Erziehungs- oder Besserungsanstalt anordnen, § 1666 I 2. Dann fallen allerdings die Kosten dem Kinde zur Last, das seinerseits wieder Regreß am Vater nehmen kann, § 1664. Aber der § 1666 ist — neben § 1838 — auch der Angelpunkt des BGB., in dem die Fürsorgeerziehung (FE.) verankert ist. Sie ist jetzt unter Aufhebung des §135 EGBGB.in ihren Grundzügen reichsrechtlich geregelt im 6. Abschnitt des RJWG. und tritt nach § 63 dieses Gesetzes auf Beschluß des VG.[2]) ein, wenn die Voraussetzungen der §§ 1666 oder 1838 BGB. gegeben sind und die Entfernung des Minderjährigen aus seiner bisherigen Umgebung zur Verhütung der Verwahrlosung er-

[1]) Von Dernburg, Planck-Unzner, v. Blume u. a.

[2]) Er ergeht von Amts wegen oder auf Antrag des zuständigen Jugendamts oder einer landesrechtlich festzusetzenden Stelle. RJWG. § 65.

forderlich ist, eine sonstige nach dem Ermessen des VG geeignete Unterbringung aber nicht erfolgen kann, ferner aber auch wenn eine schon vorhandene Verwahrlosung beseitigt werden soll. Die Fürsorgeerziehung erfolgt auf öffentliche Kosten[1]), § 62 RJWG. Die obere Altersgrenze ist im allgemeinen das 18. Lebensjahr, das 20. nur, wenn Aussicht auf Erfolg der FE. besteht, § 63 II RJWG. Mit Eintritt der Volljährigkeit endet die FE., wenn sie nicht schon vorher aufgehoben wurde, § 72. U. U. kann es auch zu einer Unterbringung in der eigenen Familie des Minderjährigen kommen, § 69 IV. — Selbstverständlich kann das VG, dem Vater auf Grund des § 1666 die Personensorge auch nur teilweise entziehen, z. B. die Vertretung, die religiöse Erziehung, die Berufswahl, je nach Bedürfnis. Dann ist insoweit ein Pfleger zu bestellen, § 1909.

3. Bei Beendigung der elterlichen Gewalt hat der Vater dem Kind das Vermögen herauszugeben und Rechenschaft zu legen, § 1681. Das ist ein privatrechtlich durchsetzbarer Anspruch des Kindes, anders als die nach § 1667 vom VG. schon während der Dauer der Verwaltung anzuordnende Rechenschaftslegung. Über Schutzvorschriften für den Vater bei Beendigung seiner Rechtsstellung vgl. § 1682.

§ 18. Elterliche Gewalt der Mutter.

I. Die elterliche Gewalt der Mutter ist prinzipiell eine subsidiäre und entwickelt sich in der Stufenfolge dreier Erscheinungsformen: Nebengewalt, stellvertretende Gewalt, Vollgewalt.

1. Die Nebengewalt hat die Mutter schon bei bestehender väterlicher Gewalt, indem sie neben dem Vater Recht und Pflicht der Personensorge hat, freilich sich bei Meinungsverschiedenheiten dem Willen des Vaters unterordnen muß, § 1634. Ferner hat sie die Nebengewalt neben dem während bestehender Ehe bei Verwirkung (aus § 1684 Z. 2 zu entnehmen), Entziehung, § 1666, oder Ruhen, § 1676[2]), der väterlichen Gewalt zu bestellenden Vormund oder Pfleger (§ 1698).

2. Die stellvertretende Gewalt bedeutet für die Mutter die Möglichkeit der Ausübung der elterlichen Gewalt, die aber der Substanz nach dem Vater verbleibt. Diese Stellung, jedoch mit Ausnahme der Nutznießung, erlangt sie während des Bestehens der Ehe bei Ruhen der väterlichen Gewalt oder tatsächlicher Behinderung des Vaters, § 1685 I. Ist dann die Ehe durch Scheidung oder Wiederverheiratung des Vaters nach Todeserklärung der Mutter aufgelöst oder ist sie getrennt, so kann die Mutter unter der Voraussetzung, daß keine Aussicht besteht, daß der Grund des Ruhens wegfallen werde, beantragen, daß ihr das VG. die dauernde Ausübung der elterlichen Gewalt mit Einschluß der Nutznießung übertrage, § 1685 II. Wird der Antrag nicht gestellt, so tritt Vormundschaft mit Nebengewalt der Mutter ein, § 1698.

3. Die Vollgewalt erreicht die Mutter bei Auflösung der Ehe durch den Tod und bei Todeserklärung des Vaters, § 1684 Z. 1; nicht schon bei Auflösung der Ehe durch Scheidung, hier bewendet es bei der Regel des § 1635; nur wenn der Vater bei der Scheidung bereits die elterliche Gewalt verwirkt hatte oder später verwirkt, kommt es zur Vollgewalt der Mutter, § 1684 Z. 2. In anderen Verwirkungsfällen gibt das Gesetz der Mutter die Vollgewalt nicht, weil es sie nicht in einen Pflichtenkonflikt zwischen Ehemann und Kind bringen wollte (Mot. IV, S. 755).

II. Die elterliche Gewalt der Mutter ist der des Vaters genau nachgebildet, § 1686; sie hat genau wie er das Recht und die Pflicht der Personensorge, Vertretung, Vermögensverwaltung und Nutznießung; sie kann ebenso wie er vom VG. nach § 1666

---

[1]) Doch ist diese Kostentragung nur ein Vorschuß; der Kostenträger kann am Kinde oder Unterhaltspflichtigen Regreß nehmen, § 75.

[2]) In diesem Falle aber nur, wenn die elterliche Gewalt der Mutter auch ruht oder verwirkt ist, oder sie den Antrag aus § 1685 II nicht stellt.

der Gewalt enthoben oder in ihr beschränkt werden. Als Hauptunterschied ist zu erwähnen, daß ihr ein Beistand gesetzt werden kann, und zwar sowohl auf ihren Antrag, § 1687 Z. 2, als auch gegen ihren Willen, auf Grund testamentarischer Anordnung des Vaters, § 1687 Z. 1, und von Amts wegen, § 1687 Z. 3. Die Bestellung des Beistands erfolgt stets durch das VG., das dabei die Grenzen seiner Wirksamkeit festzusetzen hat; ist dies nicht ausdrücklich geschehen, so umfaßt sein Wirkungskreis alle der Mutter obliegenden Angelegenheiten, § 1688. Die Vermögensverwaltung kann ihm sogar ganz übertragen werden, dann gewinnt er die Rechtsstellung eines Pflegers, § 1693; die Mutter hat ihm dann das Vermögen herauszugeben und nach § 1681 Rechenschaft zu legen, behält aber die Nutznießung. Im übrigen hat der Beistand die Funktionen des Gegenvormunds, § 1690. Bedarf die Mutter selbst der Genehmigung des VG. § 1643, so genügt die Genehmigung des Beistands nicht. Die Beistandschaft endigt mit Rücksicht auf ihre akzessorische Natur, wenn die elterliche Gewalt der Mutter endigt oder ruht, § 1694, und, mit Ausnahme der testamentarischen Beistandschaft, auch durch Aufhebung seitens des VG., § 1695. Der einzelne Beistand kann aber auch entlassen werden, §§ 1694, 1895, 1886.

III. Die elterliche Gewalt der Mutter endigt und ruht aus denselben Gründen wie die des Vaters; nur hat die minderjährige Mutter (§ 1676 II) die Personensorge, der dann zu bestellende Vormund insoweit Beistandstellung, § 1696. Als selbständiger Endigungsgrund tritt, im Widerspruch zur Gleichbehandlung der Geschlechter, die Wiederverheiratung der Mutter hinzu, die ihr nur die Personensorge neben dem Vormunde der Kinder beläßt; auch bei Lösung der zweiten Ehe lebt die elterliche Gewalt über die ersteheIichen Kinder nicht wieder auf.

§ 19. Rechtsstellung der unehelichen Kinder.

Das BGB. bleibt auch hier der Linie der Rechtsentwicklung treu, die aus dem Mittelalter zu ihm heraufführt, wiewohl ein gewisser Fortschritt gegenüber den meisten älteren Rechten in Richtung auf die Besserstellung der unehelichen Kinder nicht zu verkennen ist, besonders gegenüber der mütterlichen Verwandtschaft; aber noch bleibt es zurück hinter den Forderungen einer Zeit, in der das Postulat der Gleichstellung der unehelichen mit den ehelichen Kindern sogar gesetzgeberischen Ausdruck an gewichtiger Stelle gefunden hat (RVerf. Art. 121). Das uneheliche Kind soll um seiner selbst willen nicht mehr zu leiden haben unter dem Unwerturteil über seinen Erzeuger, und die sozialhygienische Forderung, daß der uneheliche Nachwuchs — fast $^1/_{10}$ des gesamten! — geschützt und in derselben Weise der Erziehung im Schoße einer Familie teilhaftig werden müsse wie der eheliche, sollte über moralisierende Tendenzen den Sieg davontragen, die einseitig-kirchlichen Anschauungen entsprungen und in dem Spießbürgertum überalterter Zunftverfassungen durch die Jahrhunderte geschleppt worden sind, und die den falschen Gedanken verfolgen, die Heiligkeit der Ehe auf dem Umwege über die Unterdrückung des unehelichen Kindes schützen zu wollen. Freilich ist hier vor Utopien zu warnen und muß jede Reform mit großer Vorsicht zu Werke gehen; es wäre ein verhängnisvoller Irrtum zu glauben, nur noch die Rückständigkeit des Gesetzes degradiere die Unehelichen, und mit einem Federstrich könne der Gesetzgeber alteingewurzelte, bewußt gestützte Volksanschauungen über den Haufen werfen, und den Unehelichen auch im gesellschaftlichen Leben die volle Anerkennung verschaffen.

I. Im Verhältnis zur Mutter hat das uneheliche Kind die volle Rechtsstellung eines ehelichen, § 1705, also ist es auch mit den Verwandten der Mutter verwandt; das ist ebenso charakteristisch für das BGB. wie die rechtliche Gleichbehandlung aller unehelichen Kinder überhaupt, ohne Bevorzugung der Brautkinder, ohne Hintansetzung der aus einem Ehebruch stammenden. Das Kind hat also Unterhaltsansprüche, Erb- und Pflichtteilsrecht gegen die Muttersippe und umgekehrt; es erhält den Familiennamen der Mutter, und zwar den Mädchennamen, auch wenn die Mutter inzwischen geheiratet hat, § 1706. Doch kann der Ehemann der Mutter (der nicht Erzeuger des Kindes ist, sonst träte Legitimation ein, § 1719) dem Kinde mit seiner und der Mutter Einwilligung seinen Namen beilegen, § 1706 II; dies geschieht durch Erklärung gegenüber der nach Landesrecht zuständigen Behörde (in Preußen: Standesamt, AG. § 68, in Bayern: Distriktspolizeibehörde, ZuständVO. § 18 usw.), reichsrechtlich auch gegenüber dem dazu ermächtigten Jugendamt, RJWG. § 43 III. Die elterliche Gewalt steht indessen der Mutter nicht zu, § 1707, sondern nur die Personensorge; das Kind erhält einen Vormund, der bei der Personensorge in Beistandsstellung ist. Vormund ist künftig kraft Gesetzes (RJWG. § 35) das zuständige Jugendamt; dieses kann aber auf seinen Antrag entlassen und eine Einzelperson, auch die Mutter, zum Vormund bestellt werden (RJWG. § 40, vgl. unten § 20). Die gegen diese Regelung gerichteten Angriffe, die der Mutter die elterliche Gewalt verschaffen wollen, gehen fehl, wenn sie in § 1707 eine Mißachtung der Mutter erblicken wollen. Es sind rein praktische Gründe, die für die Beibehaltung des jetzigen Zustands sprechen, vor allem, daß die Rechtsverfolgung und Vollstreckung mit ihren oft erbitterten Lohnpfändungskämpfen besser in der Hand eines Vormunds liegt, zumal wenn dieser ein Beamter ist (RJWG. § 32). Ferner kann die Mutter, die sich durchaus die elterliche Gewalt verschaffen will, das Kind ja adoptieren, vgl. unten § 19 II. Auf die Personensorge der Mutter finden die allgemeinen Regeln Anwendung; die Mutter bestimmt den Aufenthalt des Kindes, fordert seine Herausgabe, hat Anspruch auf seine Dienste; die Personensorge kann ihr nach § 1666 entzogen und Fürsorgeerziehung eingeleitet werden. Ein Streitpunkt ist, ob die Mutter kraft der Personensorge dem Kinde den Namen des Erzeugers benennen muß oder durch einen sog. „Schweigevertrag" mit diesem gebunden werden kann; vgl. OLG. München, Seuff. Arch. 67, S. 49; Colmar, OLGE. 30, 343 = Recht 1914, S. 460; sie stellen auf die Verletzung der Unterhaltspflicht ab, die eventuell in solchem Verhalten gefunden werden kann; so auch Komm. d. RGR. A. 1 zu § 1717.

II. Zwischen dem unehelichen Kind und seinem Erzeuger besteht keine Verwandtschaft; es gilt die sog. einseitige Verwandtschaftszurechnung (Ausnahme § 1310), also hat das Kind weder Erb- noch Pflichtteilsrecht, nur ein Unterhaltsanspruch ist ihm gegeben, der aber nicht auf Verwandtschaft beruht, sondern auf dem Tatbestande der Erzeugung.

1. Für diesen Unterhaltsanspruch gilt als Verpflichteter, wer der Mutter innerhalb der Empfängniszeit (s. oben § 15 II) beigewohnt hat. Mögliche Einwendung gegen den Unterhaltsanspruch ist die offenbare Unmöglichkeit der Konzeption, eine Einrede kann daraus hergeleitet werden, daß auch noch ein anderer der Mutter während der kritischen Zeit beigewohnt hat, sog. exceptio plurium, § 1717. Das BGB. huldigt also der sog. „Paternitätstheorie", wonach die Klage auf Unterhalt abgewiesen werden muß, wenn auch nur die Möglichkeit einer anderweiten Erzeugung besteht, und verwirft die „Deliktstheorie", nach der mehrere Beischläfer als Gesamtschuldner herangezogen werden könnten[1]). Der Einrede kann repliziert werden, daß die Mutter an den zweiten Beischläfer verkuppelt worden sei, um gegen die

[1]) Die exc. plurium ist reif zur Beseitigung (für alle: M. Weber, S. 564). Sie ist unhaltbar schon nach der immanenten Logik des Gesetzes selbst, wonach ja auch die eheliche Vaterschaft auf Vermutungen beruht (s. o. § 15). Die oft erwähnte, überdies fragwürdige abschreckende Wirkung wiegt doch wohl gering gegenüber den Nachteilen für das Kind und der Gefahr der Verkuppelung für die Mutter (vgl. den Text). Freilich entstehen bei der Beseitigung der exc. plur. erhebliche gesetzgeberische Schwierigkeiten. Soll unter den mehreren Beischläfern Prävention entscheiden? Oder ihre Zahlungsfähigkeit? Soll der in Anspruch Genommene Regreß an den übrigen haben? Keinesfalls darf der Alimentationsprozeß durch die Einbeziehung des Streites zwischen den Mehreren, etwa auf dem Wege sog. „Beiladung", verschleppt werden können. Prinzipiell a. M. (für Beibehaltung der exc. plur.) Geiger, Das uneheliche Kind und seine Mutter, 1920, S. 226ff.

guten Sitten den Einredetatbestand zu schaffen. Dringt die Replik, obwohl begründet, im Prozesse nicht durch, so gewinnt das Kind Schadensersatzansprüche aus § 826 (so KIPP, Lehrb., S. 370, sehr bestr.; gut OLG. München, Seuff. Arch. 70, S. 143 mit Lit.). Ferner ist die Einrede ausgeschlossen, wenn der Beklagte vor Amtsgericht, Notar, Standesbeamten oder Jugendamt (RJWG. § 43 III) nach der Geburt des Kindes in einer öffentlich beglaubigten Urkunde seine Vaterschaft anerkannt hat, § 1718. Das Kind bleibt in diesem Falle natürlich ein eheliches; es fällt nur die Einrede aus § 1717 weg, nicht aber die Berufung auf offenbare Unmöglichkeit. Haben Mehrere anerkannt, so hat das Kind gegen sie alle Ansprüche, ohne daß eine Gesamtschuld mit einem Regreßverhältnis der Verpflichteten untereinander entstünde (a. M. PLANCK-UNZNER A. i zu § 1708), ebenso wenn mehrere zur Unterhaltsleistung verurteilt worden sind, was wegen ZPO. § 644 möglich erscheint.

2. Der Unterhaltsanspruch gegen den Erzeuger geht dem verwandtschaftlichen gegen die Mutter vor; soweit diese oder ihre Verwandten alimentieren, gewinnen sie einen Regreßanspruch gegen den Erzeuger, der mit denselben prozessualen Besonderheiten (GVG. § 23 Z. 2, ZPO. § 850 IV, Lohnbeschl.Ges. § 4a) ausgestattet ist wie der Uranspruch des Kindes gegen den Erzeuger (bestritten, vgl. STEIN IV 2 zu § 850 ZPO., OLG München, Seuff. Arch. 69, S. 382 mit Lit.).

3. Der zu gewährende Unterhalt richtet sich nach der Lebensstellung der Mutter, § 1708; er umfaßt den gesamten Lebensbedarf, einschließlich der Kosten der Erziehung und Berufsvorbildung, § 1708 I 2. Er ist in einer für je drei Monate im voraus zu entrichtenden Geldrente zu leisten; durch eine Vorauszahlung auf längere Zeit hinaus wird der Vater nicht befreit, § 1710 II, und zwar ohne Rücksicht darauf, ob eine erneute Bedürftigkeit eingetreten ist (anders § 1614 II). Jedoch wird man annehmen müssen, daß der Erzeuger mit einem Anspruch aus ungerechtfertigter Bereicherung aufrechnen kann, wenn er nachweist, daß der vorausgezahlte Unterhalt noch vorhanden ist. Auch für die Vergangenheit kann (abweichend von der Regel des § 1613) der Unterhalt noch nachverlangt werden, § 1711, wenn also z. B. erst nach 14 Jahren der Erzeuger ermittelt wird. Die Unterhaltspflicht endet am 16. Geburtstage des Kindes, außer wenn es zu diesem Zeitpunkt infolge körperlicher oder geistiger Gebrechen unterhaltsunfähig ist, § 1708 II; dann entsteht ein außerordentlicher Unterhaltsanspruch, der sich von dem normalen dadurch unterscheidet, das es nunmehr auf eigene Leistungsfähigkeit des Erzeugers ankommt; für den ordentlichen Unterhaltsanspruch ist diese ohne jede Bedeutung; der Unterhaltsanspruch des unehelichen Kindes ist also energischer ausgestaltet als selbst der des ehelichen! Passiv ist er vererblich, doch haben die Erben des Erzeugers das Recht der Abfindung mit dem Pflichtteilsbetrag, § 1712 II. Aktiv ist er unvererblich, dafern er nicht schon perpetuiert ist, § 1713. Vereinbarungen zwischen Vater und Kind über den Unterhalt, insbesondere sog. Abfindungsverträge, sind durchaus zulässig (beachte 1714 II!) und sehr häufig, § 1714; sie bedürfen keiner Form, aber der Genehmigung des VG.[1]).

4. Die vom Standpunkte einseitiger Verwandtschaftszurechnung denkbaren Reformen des geschilderten Rechtszustandes gehen, kurz zusammengefaßt, auf Heraufsetzung der zeitlichen Unterhaltsgrenze über das 16. Lebensjahr, Mitberücksichtigung der Lebensstellung des Vaters, Einführung einer beweglichen, anpassungs-

[1]) Große Schwierigkeiten bereitet der Rechtsprechung die Anpassung solcher Unterhaltsverträge und Abfindungssummen an die Geldentwertung. Für Urteile und neuerdings (seit Nov. zur ZPO. v. 13. 8. 1919) auch für Vergleiche und öffentliche Urkunden gibt die Handhabe der § 323 ZPO. Für private Abfindungsverträge scheint es an einer solchen zu fehlen und daher lehnen manche Gerichte jede Abänderung ab, z. B. das Kammergericht (JW. 1921, S. 1086; 1922, S. 37, 1215; das Bayr. Oberste Landesgericht Beschl., JW. 1922, S. 1213; LG. Göttingen, JW. 1922, S. 724. Fortschrittlicher bes. das RG. (in Leipz. Zschr. 1922, S. 260, 294), ferner OLG. München, Bayr. Zschr. f. Rechtspfl. 18, S. 363; LG. Augsburg, Berlin, JW. 1922, S. 723, 724; OLG. Ulm, JW. 1922, S. 1350; Lg. Gotha, München, JW. 1923, S. 133, 134 usw. Reiche Literaturangaben in den genannten Urteilen.

fähigen Rente, subsidiäre Haftung von dessen Verwandten, wie schon im Preuss. ALR. II 2 § 628 (aufgehoben 1854); Gewährung eines eventuellen beschränkten Intestaterbrechts gegen den Vater nach Schweizer Muster (ZGB. §§ 323 f.), ferner Abschaffung der exceptio plurium (s. o. S. 52, Anm. 1). Weitere Anregungen auf Zurechnung des Kindes zur Vatersippe (Norwegen 1915) sind mit größter Vorsicht aufzunehmen, da das Kind, der mütterlichen Familie entfremdet, in der väterlichen hintangesetzt, völlig heimatlos werden würde.

III. Die Mutter selbst hat neben den eben besprochenen, dem Kinde zustehenden Ansprüchen und unter denselben Voraussetzungen wie dieses einen Anspruch auf Ersatz der gewöhnlichen Entbindungskosten, des Unterhalts für die ersten sechs Wochen nach der Entbindung ohne Rücksicht auf den wirklichen Aufwand sowie der nachgewiesenen weiteren Aufwendungen, § 1715; die Zahlung dieser Kosten sowie die Zahlung des ersten Unterhaltsquartals an die Mutter oder den Vormund bzw. dessen Hinterlegung, kann dem Vater schon vor der Geburt des Kindes durch einstweilige Verfügung aufgegeben werden, ohne daß es der Glaubhaftmachung einer Gefährdung bedarf, § 1716. Vgl. dazu jetzt RGes. über Wochenhilfe und Wochenfürsorge v. 26. 9. 1919 § 21.

IV. Seit je wirkte versöhnend auf das Schicksal der unehelichen Kinder die Legitimation durch nachfolgende Ehe. Auch nach dem BGB. wird ein uneheliches Kind dadurch ehelich, daß der Erzeuger die Mutter heiratet, § 1719; das ist indessen keine Verwandtschaft kraft Rechtsgeschäfts, denn der Geschäftswille richtet sich bei der Eheschließung nicht auf die Legitimation (oben § 3 I). Notwendig ist zur Herbeiführung der Legitimation, daß der Vater der Mutter in der Empfängniszeit beigewohnt hat; § 1720 I; eine exceptio plurium gibt es nun nicht mehr; das Anerkenntnis des § 1718 hat hier die Wirkung, daß sie die Beiwohnungsvermutung als Bestandteil der Vaterschaftsvermutung begründet, § 1719 II, dann ist freilich noch der Nachweis der offenbaren Unmöglichkeit der Zeugung offen. Von der Eheschließung an hat das Kind die volle Rechtsstellung eines ehelichen, seine Abkömmlinge sind eheliche Enkel, ja selbst Nachkommen eines bereits verstorbenen unehelichen Kindes werden durch die Eheschließung seiner Eltern ohne weiteres legitimiert, § 1722.

§ 20. Verwandtschaft kraft Rechtsgeschäfts.

Auf zweierlei Arten ist es möglich, durch rechtsgeschäftliche Handlung ein Verwandtschaftsverhältnis herzustellen: Durch Ehelichkeitserklärung kann die eheliche Kindschaft zwischen einem unehelichen Kinde und seinem Erzeuger begründet werden, und durch Adoption (Ankindung) kann ein Kind in Verwandtschaftsbeziehungen zu einem ihm bis dahin fremden Wahlvater oder Wahlelternpaar treten. In beiden Fällen entsteht nur ein unvollkommenes Verwandtschaftsverhältnis; es treten nicht die Vollwirkungen der ehelichen Kindschaft ein.

I. Die Ehelichkeitserklärung erfolgt durch bedingungs- und befristungsfeindlichen (§ 1724) Verwaltungsakt, und zwar des Bundesstaates, dem der Vater angehört (§ 1723). Auf Vornahme dieses Aktes besteht keinerlei subjektiv-öffentliches Recht, sie kann versagt werden, auch wenn kein gesetzlicher Hinderungsgrund entgegensteht, sie ist reiner Gnadenakt und entspricht in diesem Punkte noch genau der byzantinischen legitimatio per rescriptum principis (§ 1734). Gesetzliche Hindernisse sind der Tod des Kindes § 1733 I, der Tod des Vaters, außer wenn er den Antrag schon eingereicht oder die Einreichung wenigstens schon veranlaßt hatte, § 1733 II, endlich Abstammung des Kindes aus blutschänderischem Umgang, § 1732. Voraussetzungen der Ehelichkeitserklärung sind einmal ein Antrag des Vaters, der zugleich mit der Erklärung abgegeben werden muß, daß er das Kind als das seine anerkenne, § 1725. Grundsätzlich soll also nur der wirkliche Erzeuger das Kind legitimieren lassen können. Doch schadet es der Gültigkeit der Ehelichkeitserklärung nichts, wenn der Antragsteller nicht der wirkliche Vater ist, § 1735. Allerdings wird man ein wissentlich falsch abgegebenes Anerkenntnis für nichtig erachten müssen (§ 138, auch § 134 wegen § 169 StGB.). Auch ist Anfechtung eines auf Irrtum oder arglistiger Täuschung beruhenden Anerkenntnisses möglich; freilich wäre ein Irrtum wohl nur in den Fällen für relevant zu halten, wo er sich auf eine zur Widerlegung der Vaterschaftsvermutung taugliche Tatsache bezieht, also etwa über die eigne Zeugungsfähigkeit oder über die Empfängniszeit (arglistige Täuschung über das Geburtsdatum!); darüber hinaus (§ 1717!) wird bloßer Motivenirrtum anzunehmen sein[1]). Weitere Voraussetzungen sind die Einwilligung des Kindes, die es vom 14. Lebensjahre an selbst zu erklären hat, § 1728 II, ferner der Einwilligung der Mutter des Kindes und der Frau des Vaters, § 1726. Durch die Ehelichkeitserklärung soll insbesondere auch den unehelichen Kindern verheirateter Männer geholfen werden können. Eine ganze Reihe weiterer formaler Bestimmungen enthalten die §§ 1726ff.

Die Wirkung der Ehelichkeitserklärung ist volle Ehelichkeit des Kindes (§ 1736) und seiner Nachkommen, § 1737, also auch volles Erb- und Pflichtteilsrecht, aber beschränkt auf den legitimierenden Vater, nicht auch gegen dessen Ehefrau und Verwandte, § 1737. Unberührt bleiben ferner die rechtlichen Verhältnisse zwischen dem Kinde, seiner Mutter und seinen Verwandten; nur verliert die Mutter das Recht der Personensorge (§ 1738) und die Unterhaltspflicht des Vaters geht der mütterlichen vor, § 1739; ruht oder endigt die elterliche Gewalt des Vaters, so erlangt die Mutter die Personensorge nur wieder, wenn sie das Kind unterhält, § 1738 S. 2.[2])

II. Die Annahme an Kindesstatt (Adoption) ist der letzte Rest der früher so formenreichen künstlichen Verwandtschaft. Sie ist dem Wesen nach ein bedingungs- und befristungsfeindlicher (§ 1742) familienrechtlicher Vertrag, durch den die beschränkte Stellung eines ehelichen Kindes geschaffen wird.

1. Die Voraussetzungen der Adoption sind folgende: Der Annehmende darf keine ehelichen Kinder haben, § 1741; daher kann auch nicht adoptieren, wer legitimierte Kinder hat, und die uneheliche Mutter kann höchstens ihr eigenes Kind adoptieren, dadurch erlangt sie die volle elterliche Gewalt (zu Unrecht bestr., vgl. Kuttner, Jahrb. f. Dogmat. 47, S. 1ff.). Ferner soll der Annehmende auch keine Kinder mehr zu erwarten haben; daher ist eine untere Altersgrenze von 50 Jahren gesetzt, § 1744, die Vorschrift ist aber dispensabel, § 1745 I. Auch von dem im Interesse der Natürlichkeit des Verhältnisses geforderten Altersunterschied von 18 Jahren zwischen Wahlvater und Wahlkind (§ 1744) kann Befreiung bewilligt werden, § 1745. Weitere Erfordernisse sind das Einverständnis des Ehegatten des Annehmenden und des Wahlkindes (§ 1746) sowie der Eltern des Wahlkindes, wenn dieses noch nicht 21 Jahre alt ist, § 1747. Ein gemeinschaftliches Kind kann nur von einem Ehepaar angenommen werden, adoptio naturam imitatur, § 1749; stirbt daher einer der Wahleltern, und heiratet der Überlebende nochmals, so kann der neue Ehegatte weiter adoptieren (vgl. Mot. IV, S. 962).

2. Der Annahmevertrag ist von den Beteiligten persönlich und in gleichzeitiger Anwesenheit beider Teile vor Gericht oder Notar abzuschließen, § 1750. Doch wird das noch nicht 14 Jahre alte Wahlkind durch seinen gesetzlichen Vertreter, der dazu wieder der Genehmigung des VG. bedarf, vertreten; ein geschäftsbeschränktes Wahlkind bedarf der nicht konsenspflichtigen Zustimmung seines gesetzlichen Vertreters und der Genehmigung des VG., § 1751. Dazu muß treten die Bestätigung des Ver-

---

[1]) Irrtum im Beweggrunde schlechthin nimmt an Goldmann-Lilienthal, S. 368, Anm. 54; a. M. Komm. d. RGR., Anm. 2 zu § 1735. Keineswegs verliert das Kind im Fall des § 1735 seine Ansprüche gegen den wahren Erzeuger. A. M. Komm. d. RGR., Anm. 2 zu § 1736.

[2]) Schwierigkeiten können entstehen, wenn das Kind von der Witwe des Vaters alimentiert wird. Vgl. RG. Bd. 105 S. 164 = JW. 1923, S. 76.

trages durch das zuständige (FGG. § 65) Amtsgericht (nicht das VG.!) § 1741, eine im ganzen Gebiete des bürgerlichen Rechts einzig dastehende Wirksamkeitsvoraussetzung. Diese Bestätigung darf — anders als die Ehelichkeitserklärung — nicht versagt werden, außer wenn ein gesetzliches Erfordernis fehlt, § 1754 II. Erst mit der Bestätigung tritt die Adoption nach außen hin in Kraft; die Parteien sind allerdings bis zu ihrer Erteilung oder Versagung durch den Annahmevertrag gebunden, § 1754 I. Nach dem Tode des Wahlkindes ist die Bestätigung nicht mehr möglich, § 1753 I, nach dem Tode des Wahlvaters nur, wenn bestimmte Schritte zu ihrer Erlangung bereits geschehen waren, § 1753 II. Gegen den Bestätigungsbeschluß gibt es kein Rechtsmittel (gegen seine Versagung sofortige Beschwerde, FGG. § 68); fehlte es jedoch an einer Wirksamkeitsvoraussetzung, so kann die Nichtigkeit des Bestätigungsbeschlusses und damit der ganzen Adoption von jedermann geltend gemacht werden; eine Heilung von Mängeln durch die Bestätigung tritt nur in dem beschränkten Umfange des § 1756 ein, insoweit wird der Beschluß formeller Rechtskraft teilhaftig.

3. Durch die Adoption erlangt das Wahlkind die rechtliche Stellung eines ehelichen Kindes des oder der Annehmenden[1]), § 1757.

Es tritt unter die elterliche Gewalt des Wahlvaters und erhält dessen Familiennamen, § 1758, darf aber seinen alten Namen zusatzweise weiterführen, § 1758 II. Es erhält Erb- und Pflichtteilsrecht gegen den Wahlvater, aber nicht dieser gegen das Wahlkind (§ 1759); die Adoption soll nicht der Versorgung des Annehmenden dienen noch auch der Erbschleicherei Vorschub leisten. Der Annehmende wird unterhaltspflichtig, subsidiär bleiben es die Verwandten des Kindes, § 1766.

4. Von den Nachkommen des Adoptivkindes werden nur die bei der Adoption noch nicht vorhandenen ipso jure zu Adoptivenkeln, schon vorhandene nur, wenn der Adoptionsvertrag auch mit ihnen geschlossen wird, § 1762.

5. Das Verhältnis des Wahlkindes zu seinen Verwandten bleibt völlig unberührt, § 1764; aber seine leiblichen Eltern verlieren die elterliche Gewalt, die uneheliche Mutter das Fürsorgerecht, § 1765. Die Personensorge kann unter den Voraussetzungen des § 1765 II wieder aufleben, aber niemals mehr die Vertretung, das Kind bedarf des Vormundes, § 1765 a. E. Auf den persönlichen Verkehr mit dem Kinde haben die leiblichen Eltern keinen direkten Rechtsanspruch, aber in seiner Verwehrung kann ein Mißbrauch der elterlichen Gewalt seitens der Adoptiveltern liegen, der das VG. nach § 1666 zum Einschreiten verpflichtet (str., vgl. RG. 64, S. 77).

6. Abweichungen vom gesetzlichen Inhalt des Adoptionsvertrags können nur in ganz genau bestimmten einzelnen Punkten gewillkürt werden; es kann das Erbrecht des Wahlkindes wie auch das Nutzungsrecht des Wahlvaters am Kindesvermögen ausgeschlossen, nicht etwa ein Erbrecht des Wahlvaters, ein Nutznießungsrecht der leiblichen Eltern begründet werden, § 1767.

7. Die Adoption kann durch contrarius actus wieder aufgehoben werden, § 1768; ist das Wahlkind gestorben, so können die übrigen Beteiligten das Kindschaftsverhältnis untereinander aufheben, also z. B. die Wahleltern und die nach § 1762 mitumfaßten Abkömmlinge, obwohl diese gar nicht Parteien des ursprünglichen Vertrages waren, § 1769.

---

[1]) Es wird nicht eheliches Kind der Wahleltern. Heiratet z. B. die A den Erzeuger B ihres inzwischen von X adoptierten unehelichen Kindes, so wird dieses jetzt nach § 1719 eheliches Kind seiner leiblichen Eltern A und B. Hätte X das Kind für ehelich erklären lassen (§ 1735), so wäre es sein eheliches Kind geworden (§ 1736 ist ungenau gefaßt) und es gäbe keine Legitimation durch nachfolgende Ehe mehr.

Drittes Kapitel.

Die Vormundschaft.

§ 21. Allgemeines über Vormundschaft und Pflegschaft.

I. Auch die Vormundschaft ist ein Sproß am Baume des alten familienhaften Muntrechts, der Schutzgewalt der Sippe über Angehörige, die keiner sonstigen Munt unterstehen, ausgeübt durch den „geborenen Vormund“. Aber stark umgebogen wird die Linie der Entwicklung durch die im Mittelalter überall einsetzende öffentliche Vormundschaft auf Grund des Königsschutzes; die diesen Gedanken vor allem aufnehmende städtische Sozialpolitik führte zur Amtsvormundschaft des „gekorenen“ Vormunds. Den Höhepunkt dieser Entwicklung bildete das Preuß. ALR. mit seiner Herunterdrückung des Vormunds zum unselbständigen Organ der Obervormundschaft; erst die preuß. Vormundschaftsordnung von 1875 hat den privatrechtlichen Standpunkt neu belebt und so die Grundlagen des heutigen Rechtes geschaffen. Nach BGB. gilt für die Bestellung des Vormundes zwar öffentliches Recht; niemand kann anders Vormund werden als durch Übertragung des Amtes durch eine Behörde, das VG. Aber die Einzelausgestaltung der vormundschaftlichen Rechtsstellung erfolgt doch wesentlich nach privatrechtlichen Gesichtspunkten; der Vormund ist kein öffentlicher Beamter. Die Rechte des Mündels gegen ihn sind mit Klage vor dem Zivilgerichte verfolgbar, sein Vergütungsanspruch (§ 1836) ist ein schuldrechtlicher, seine Haftung die gewöhnliche culpa-Haftung, wie die des normalen Schuldners; mit Recht hat man die schon beim Vater anfechtbare Erleichterung der Haftung bis zur Sorgfalt wie in eignen Angelegenheiten dem Vormund nicht vergönnt (§ 1833)[1]. Selbst auf die Bestellung des Vormunds haben in sogleich zu schildernder Weise Angehörige des Mündels Einfluß (§ 1776f.). Die Stellung des VG. ist lediglich eine kontrollierende, der Vormund handelt in dem für ihn geschaffenen Rahmen selbständig.

II. So steht das BGB. prinzipiell noch auf dem Standpunkt der von beliebigen Personen gelegentlich zu führenden „Dilettantenvormundschaft“ (Kohler, Lehrb., S. 486). Daß sich dabei große Mißstände ergeben mußten, und besonders in Großstädten und bei unehelichen Kindern durch die Suche nach einem Vormund viel Zeit verloren ging, erzeugte eine Strömung, die auf Einführung einer von Berufsbeamten zu führenden gesetzlichen Amtsvormundschaft hinwirkte. Schon EGBGB. § 136 trug dem Rechnung, indem er den Landesrechten die Möglichkeit gab, die Anstalts- oder Berufsvormundschaft einzuführen; es konnten Vorstände staatlicher Erziehungs- oder Verpflegungsanstalten oder sonstige Beamte mit der Vormundschaft über solche Minderjährige betraut werden, die in der Anstalt oder einer unter ihrer Aufsicht stehenden Familie (bei Unehelichen zählte hierzu die mütterliche Familie) erzogen wurden; in diesen Fällen waren die Vorschriften des BGB. über die Bestellung ausgeschaltet; es konnte aber auch angeordnet werden, daß die genannten Vorstände oder Beamten wenigstens den nach BGB. berufenen Vormündern vorgingen[2]. (Dazu Preuß. AG.§ 78, Fürserzges. § 12; Württemberg [altes] Ges. über die Berufsvormundsch. v. 8. 6. 1912 usw.). In neuester Zeit hat auch das Reich sich der Berufsvormundschaft angenommen (vgl. RV. Art. 7 Z. 7). Das RJWG. schafft unter Aufhebung des Art. 136 EGBGB. zwei Typen der Amtsvormundschaft, die gesetzliche, die über alle im Bezirke des Jugendamts geborenen Unehelichen besteht, § 35ff.,

---

[1] Interessante Entscheidung (Haftung des Vormunds für Nichteinlegung eines Rechtsmittels) RG., JW. 1922, S. 1006.

[2] Davon zu unterscheiden die sog. Sammelvormundschaft, die nur eine Häufung normaler nach BGB. zu beurteilender Vormundschaften darstellte.

und die bestellte, bei der das Jugendamt vom VG. mit seinem Einverständnis zum Vormund eines Minderjährigen bestellt werden kann, wenn kein anderer geeigneter Vormund vorhanden ist. Gesetzlicher Amtsvormund ist ebenfalls das Jugendamt, jedoch kann stets Entlassung aus der Amtsvormundschaft zugunsten eines Einzelvormunds beantragen, wenn es das Wohl des Minderjährigen nicht gefährdet, § 40. Neben der Amtsvormundschaft behält das Gesetz die Anstalts- und Vereinsvormundschaft in der Hand von vom Landesjugendamt für geeignet erklärten Anstalten und Vereinen bei, § 47. Das Jugendamt kann die Ausübung seiner Funktionen einzelner seiner Mitglieder oder Beamten übertragen, § 32. Die Amtsvormundschaft ist, wie schon die Berufsvormundschaft des bisherigen Rechts stets eine befreite (s. unten § 21 II 4); die Vorschriften des BGB. finden mit vielen, durch die veränderte Sachlage gebotenen Modifikationen Anwendung, § 33, 34.

III. Das BGB. unterscheidet:

1. Vormundschaft über Minderjährige, §§ 1773ff., als der Normalfall der Vormundschaft von der größten Bedeutung. Sie tritt ein, wenn beide Eltern gestorben oder für tot erklärt sind, § 1679, beide die elterliche Gewalt verwirkt haben, § 1680, beiden die Personen- und Vermögenssorge entzogen ist, § 1666; ferner der Vater allein bei bestehender Ehe die elterliche Gewalt verwirkt hat, § 1684 I 2, oder sie bei aufgelöster Ehe endgültig ruht, ohne daß die Mutter den Antrag aus § 1685 II stellt, oder ihm allein Personen- und Vermögenssorge entzogen ist, § 1666, oder die Mutter nach dem Tode des Vaters sich wieder verheiratet, oder sonst die elterliche Gewalt verliert. Ferner werden bevormundet alle unehelichen Kinder, §§ 1707, 1699, und Findelkinder, § 1773.

2. Vormundschaft über Volljährige; diese tritt ein bei durchgeführter Entmündigung § 1896, sowie bei erst beantragter Entmündigung als vorläufige Vormundschaft, § 1906, wenn das VG. sie als erforderlich zur Abwendung einer erheblichen Gefährdung der Person oder des Vermögens des Volljährigen erachtet; die Regeln über die Berufung zur Vormundschaft haben für diese vorläufige V. keine Geltung, § 1907.

IV. Als ein schwächeres Mittel, einer im Daseinskampfe nicht voll aktionsfähigen Person Schutz und Hilfe angedeihen zu lassen, kennt das Gesetz die Pflegschaft, §§ 1909ff. Sie ist dem Wesen nach eine Vormundschaft mit beschränkteren Kompetenzen; diese ergeben sich nicht ohne weiteres aus dem Gesetz, sondern richten sich nach dem jeweiligen Zweck, für den ein Pfleger zu bestellen ist; vor allem dient die Pflegschaft niemals, wie die Vormundschaft, zum Ausgleich fehlender oder beschränkter Geschäftsfähigkeit[1]). Der Pfleger ist also kein gesetzlicher Vertreter im eigentlichen Sinne, sondern ein von Staats wegen bestellter General- oder Spezialbevollmächtigter; aber die Regeln für den gesetzlichen Vertreter (z. B. § 278) gelten sinngemäß auch für ihn. Das Objekt der Pflegschaft ist regelmäßig eine Person[2]). Man unterscheidet folgende 5 Fälle der Personalpflegschaft:

1. Die Ergänzungspflegschaft, § 1909; sie tritt ein zur Ergänzung einer Vollgewalt, wenn deren Inhaber (Vater, Mutter, Vormund) zur Besorgung einzelner Geschäfte oder Geschäftskreise außerstande ist, und zwar aus tatsächlichen oder rechtlichen Gründen (§§ 1666, 1647, oder bei Kollisionsgefahr, §§ 1795, 181); dann besteht auch eine gesetzliche Anzeigepflicht, § 1909 II. Endlich ordnet das

---

[1]) Scharf herausgestellt von ENDEMANN, Lehrb. S. 708. Folgerichtig erklärt das Gesetz den unter vorläufige Vormundschaft Gestellten für in der Geschäftsfähigkeit beschränkt, § 114. Die vorläufige Vormundschaft enthält also auch eine vorläufige Entmündigung. Abtrennung der letzteren (nach Schweizer Muster, ZGB. § 386) und Verweisung in den Allg. Teil wäre zu erwägen.

[2]) Eine Güterpflege ist die Pflege für ein verwaistes Sammelvermögen, § 1914; sie gehört konstruktiv in den Allg. Teil. Vgl. ENNECCERUS, Lehrb. I, § 110 II mit Lit. Ein ähnlicher Fall kann sich aus HGB. § 306 ergeben, vgl. KOHLER, Arch. f. bürg. Recht 40, S. 313.

Gesetz auch eine vorläufige Ergänzungspflegschaft an, § 1909 III (§ 114 gilt hier richtiger Ansicht nach nicht, str.).

2. Die Gebrechlichkeitspflegschaft, § 1910, und zwar entweder als Vollpflegschaft bei körperlichen Gebrechen, § 1910 I (bei geistigen müßte Entmündigung eintreten!) oder als Teilpflegschaft bei körperlichen und geistigen Gebrechen, § 1910 II.

3. Die Abwesenheitspflegschaft, nur für abwesende Volljährige unbekannten Aufenthalts und nur für Vermögensangelegenheiten, § 1911, vor allem zum Widerruf einer Vollmacht, deren Voraussetzungen weggefallen sind.

4. Die Pflegschaft für eine Leibesfrucht, § 1912, deren Rechte der Fürsorge bedürfen und nicht durch den künftigen Vater, die Mutter, einen Testamentsvollstrecker oder Nachlaßpfleger (§§ 1960, 2222) gewahrt sind, jetzt nach RJWG. § 38 auch wenn die Voraussetzungen des § 1912 S. 1 nicht gegeben sind, aber die Mutter oder das Jugendamt die Bestellung eines Pflegers beantragt; dieser wird dann mit der Geburt des Kindes ipso jure Vormund.

5. Die Pflegschaft für einen noch ungewissen Beteiligten, für dessen Angelegenheiten ein Fürsorgebedürfnis besteht, § 1913 (Nacherbe, noch nicht genehmigte Stiftung, Eigentümer im Falle § 928).

Die Pflegschaft folgt im allgemeinen den Regeln des Vormundschaftsrechts; ein Gegenpfleger wird nicht bestellt, § 1915; über befreite Pflegschaft vgl. § 1917, über ihre Beendigung §§ 1918—1921.

§ 22. Vormundschaft im einzelnen.

I. Vormund (V.) wird man durch Bestellung seitens des VG. Dieses hat die V.schaft gegebenenfalls von Amts wegen anzuordnen, und den V. auszuwählen, § 1779; der Ausgewählte ist öffentlichrechtlich zur Übernahme der V.schaft verpflichtet, wenn er Deutscher ist und keinen gültigen Ablehnungsgrund hat, § 1785.

1. Indessen wird die freie Auswahl selten möglich sein; in der Regel liegt eine Berufung zur V.schaft vor und an diese ist das VG. gebunden; hier äußert sich wieder der Zusammenhang der V.schaft mit der Familie. Die Berufung gründet sich entweder unmittelbar auf das Gesetz (§ 1776 Z. 3 u. 4) oder (bei Minderjährigen, § 1898) auf Benennung durch letztwillige Verfügung. Das Benennungsrecht hat der Vater, wenn er im Besitze der elterlichen Gewalt, und zwar des vollen Vertretungsrechtes (beachte §§ 1666, 1647) ist, § 1777 I. Nach dem Vater (arg. § 1776 I „Reihenfolge") ist die Mutter zur Benennung berufen, und zwar unter denselben Voraussetzungen wie der Vater. Der Berufene hat einen publizistischen Anspruch auf Auswahl, § 1778, und kann sich mit sofortiger Beschwerde gegen grundlose Übergehung wehren (FGG. § 66). Jedoch können dem Berufenen vorgezogen werden für die minderjährige Ehefrau der Mann, für das uneheliche Kind die Mutter, § 1778 III, für den Volljährigen der Ehegatte, § 1900 II. Auch kann ein Berufener durch Vater oder Mutter ausgeschlossen werden, § 1782, nicht aber der vom Vater berufene durch die Mutter.

2. Mangels Berufung wählt das VG. frei unter Anhörung des Gemeindewaisenrats (Jugendamts, § 42 RJWG.) eine ihm sachlich geeignet erscheinende Persönlichkeit unter tunlichster Bevorzugung von Verwandten, Verschwägerten, Konfessionsgleichen (§ 1779 II, nicht berührt durch RV. Art. 136). Dabei hat es die gesetzlichen Ausschlußgründe zu beachten. Diese beruhen entweder:

a) auf Unfähigkeit, § 1780; kein Geschäftsunfähiger und Entmündigter kann Vormund sein, seine Bestellung wäre nichtig, seine Amtsführung die eines falsus procurator;

b) auf Untauglichkeit; hier ist die Bestellung gültig (man wollte die Nichtigkeitsfälle möglichst einschränken). Die einzelnen Untauglichkeitsgründe sind in §§ 1781—1784 aufgezählt; aus § 1781 Z. 4 ist StGB. § 34 („Unfähigkeit" V. zu sein) berichtigend auszulegen; § 1783 ist gestrichen durch RJWG. § 48. Die Ehefrau kann also künftig auch ohne Zustimmung des Mannes zum V. bestellt werden, dieser wird aber dann gut tun, sofort auf Gütertrennung zu dringen, sonst haftet er für die Ansprüche aus der V.schaft mit dem eingebrachten Gut (§ 1412) und bei Gütergemeinschaft sogar persönlich, §§ 1460, 1459. Dem Beamten oder Religionsdiener darf die in § 1784 I vorgeschriebene Erlaubnis nur noch aus wichtigem dienstlichen Grunde verweigert werden, § 1784 II (zugefügt durch RJWG. § 48). Ein untauglich Bestellter ist zu entlassen, § 1886 (§ 1787 ist aufgehoben, RJWG. § 48).

3. Der gültig Bestellbare kann gesetzliche Ablehnungsgründe haben, § 1786; er muß dann das Ablehnungsrecht bis zur Bestellung geltend machen, § 1786 II, und haftet dem Mündel auf Schadensersatz, wenn er schuldhaft die Übernahme verzögert oder auf grundloser Ablehnung beharrt, § 1787; er muß die V.schaft unbeschadet seines Beschwerderechtes vorläufig übernehmen, § 1787 II, sonst trifft ihn Ordnungsstrafe, § 1788. Frauen dürfen künftig nicht mehr schlechthin ablehnen, wie § 1786 Z. 1 vorschrieb, sondern nur noch, wenn sie mindestens zwei noch nicht schulpflichtige Kinder haben oder sonstige mit der V.schaft unvereinbare Familienpflichten glaubhaft machen, RJWG. § 48 II. Ablehnungsbefugt sind auch Reichswehrangehörige, RWehrGes. § 33.

4. In der Regel soll für einen Mündel oder für Geschwister nur ein V. bestellt werden, § 1775. Von dem hiernach ungebräuchlichen Mitv.[1]) ist zu unterscheiden der Gegenv., § 1792, der bei jeder erheblicheren von einem Alleinv. zu führenden Vermögensverwaltung als Kontrollorgan zu bestellen ist (Ausnahmen; § 1903, 1904), und zwar genau so wie ein V. Doch kann von der Bestellung des Gegenv. bei der Benennung des V. durch den Vater befreit werden; das ist der Hauptzug der „befreiten V.schaft“, §§ 1852ff.

5. Die Bestellung des V. erfolgt durch Verpflichtung mittels Handschlags, § 1789; die Urkunde darüber heißt Bestallung, § 1791.

II. In bezug auf die Personensorge ist der V. einem Inhaber der elterlichen Gewalt gleichgestellt, § 1800; ist also eine verheiratete Frau bevormundet, so hat der V. nur die Vertretung, neben einer unehelichen (§ 1707) und ehelichen minderjährigen (1696) oder wiederverheirateten (1697) Mutter nur Beistandstellung. Die Sorge für die religiöse Erziehung kann ihm entzogen werden, § 1801, dann ist ein Pfleger zu bestellen. Geschieht das nicht, so kann der V. nur mit Genehmigung des VG. über die religiöse Erziehung bestimmen; eine von den Eltern getroffene Bestimmung kann er grundsätzlich nicht abändern (§ 3 II Ges. v. 15. 7. 1921); nur wenn beide Eltern vor dem Inkrafttreten dieses Gesetzes verstorben sind und über die Erziehung in einer bestimmten Konfession oder Weltanschauung nachweisbar einig waren, kann der V. diese mit Genehmigung des VG. einführen, § 10. — Die Personensorge umfaßt auch das Vertretungsrecht; genau wie für den Vater gilt für den V. das Kollisionsverbot der § 1795, 181, insbesondere für die Verfügung über eine Forderung oder die dafür bestehende Haftung, die dem Mündel gegen den V. zusteht, § 1795 I Z. 2. Es bedarf hier der Bestellung eines Pflegers, der das ohne Vertretungsmacht abgeschlossene Geschäft nach § 177 genehmigt.

III. Vorhandenes Vermögen hat der V. zu inventarisieren, § 1802 (indispensabel), und das Inventar den VG. einzureichen; er kann sich dabei auf Kosten des Mündels eines Notars, Beamten oder sonstigen Sachverständigen bedienen, § 1802 II. Verwaltungsfreies Vermögen gibt es bei der V.schaft nicht oder höchstens von dem Augenblick an, wo neben dem V. ein Pfleger zur Besorgung der Vermögensangelegenheiten eingesetzt ist, § 1909 I 2; wohl aber kann ein Dritter bei der Zuwendung von

---

[1]) Werden Mitvormunde bestellt, so führen sie die Vormundschaft in der Regel gemeinsam, § 1797 I, und haften als Gesamtschuldner; jedoch kann das VG. die Vormundschaft nach verschiedenen Wirkungskreisen unter sie verteilen, § 1797 II.

Vermögen an den Mündel bindende Anordnungen für die Verwaltung treffen, § 1803. Abweichungen können dann nur der Dritte selbst oder das VG. genehmigen. Untersagt sind dem V. Schenkungen aus Mündelgut, § 1804, sowie eigennützige Verwendung des Mündelvermögens, also etwa Darlehnsentnahme, Inanspruchnahme unentgeltlicher Dienstleistungen des Mündels; ferner ist ihm mündelsichere Vermögensanlage zur Pflicht gemacht, § 1806ff. Darunter versteht das Gesetz zunächst die in § 1807 Z. 1—5 aufgeführten Anlegungsarten, wobei dem Landesrecht Spielraum gelassen ist zur Bestimmung der Sicherheit einer Hypothek (Preuß. AG. § 73, Bayr. AG. § 92 usw.)[1]) sowie zur Vermehrung des Katalogs mündelsicherer Papiere (EGBGB. § 212, Preuß. AG. § 74, Bayr. Überg.Ges. § 32), endlich zur Bestimmung der mündelsicheren Sparkassen (EGBGB. § 99, Preuß. AG. § 75, Bayr. Min. Bekanntm. v. 21. 12. 1899). Subsidiär ist dem V. Bankanlegung gestattet, § 1808, dazu Preuß. AG. § 76, aber mit Sperrvermerk, § 1809, so daß zur Abhebung stets Genehmigung des Gegenv. oder VG. erforderlich ist, § 1812 II, III. Ferner ist aber auch schon die ganze Anlegung genehmigungspflichtig, § 1810; in Ausnahmefällen kann eine abweichende Anlegung gestattet werden, § 1811[2]). Zum Vermögen gehörige Inhaber- und blankindossierte Orderpapiere sind nach besonderen Regeln zu hinterlegen, § 1814 (dispensabel, § 1853).

IV. Eine Genehmigungspflicht für Handlungen des V. besteht:

1. als Recht des Gegenv., vor allem zur Verfügung über Forderungen, § 1812, doch kann die V.schaft auch hierin eine befreite sein, § 1852 II;

2. als Recht des VG. in einer ganzen Reihe von Einzelfällen, §§ 1821—1823; es ist jedesmal eine spezielle Ermächtigung zu erteilen, nur für gewisse Fälle (Kreditaufnahme) gestattet das Gesetz eine generelle, § 1825. Die Genehmigung des VG. ist eine Staatswillenserklärung, ein Verwaltungsakt, und unterliegt als solcher nicht den privatrechtlichen Normen des BGB. über Genehmigungen (§§ 182ff.). Sie kann nur dem V., nicht etwa dem Mündel oder dem Drittkontrahenten, erklärt werden. Wird sie im vorhinein gegeben, so ersetzt sie die insoweit fehlende Vertretungsmacht des V. zu dem konsenspflichtigen Geschäft; ist sie nicht erteilt, so ist:

a) ein einseitiges Rechtsgeschäft unheilbar nichtig und bedarf erneuter Vornahme, § 1831;

b) ein Vertrag schwebend unwirksam, bis die Genehmigung des VG. nicht nur erteilt, sondern auch dem Drittkontrahenten vom V. mitgeteilt wird, § 1829; in dieser Mitteilung liegt die eigne, jetzt mit ergänzter Vertretungsmacht bewirkte Genehmigung des V. selbst; sie ist ein Privatakt und daher nach den gewöhnlichen Rechtsgrundsätzen anfechtbar. Die Mitteilung des V. kann durch eine Fristsetzung an diesen herausgefordert werden; bis zum Ablaufe der Frist ist der Dritte an seinen Antrag gebunden, und zwar in stärkerer Weise als dem Minderjährigen gegenüber (§ 109 vgl. § 1830). Die Regeln über den Vertrag finden auch Anwendung, wenn der Mündel selbst einen Vertrag geschlossen hat, den der V. nach § 108 genehmigt. Dann gilt nicht etwa § 1831, sondern § 1829; also kann der Dritte bis zur Genehmigung des V. nach § 109, dann bis zur Mitteilung der Genehmigung des VG. nach § 1830 widerrufen. Statt zu widerrufen, kann der Dritte den V. als unbefugten Vertreter in Anspruch nehmen, § 179.

V. Die Tätigkeit des VG. ist im übrigen wesentlich eine beaufsichtigende, der V. soll in seiner an sich selbständigen Amtsführung nicht gestört werden; nur bei direkten Pflichtwidrigkeiten soll das VG. einschreiten, § 1837, dann aber ev. mit Ordnungsstrafen, § 1837 II; als ultima ratio kommt Entlassung des V. in Betracht, § 1886. Ferner hat es das Vermögensverzeichnis zu prüfen, §§ 1802, 1845, ebenso die grund-

---

1) Über Erbbaurechtshypotheken vgl. VO. 15. 1. 1919 §§ 18 ff.

2) Diese Bestimmung als Handhabe für eine „wertbeständige" Anlage von Mündelgeld zu benützen erklärt für unmöglich Bay Ob. LG. JW. 1922, S. 396. Zustimmend Engelmann Leipz. Zschr. 1922 S. 60 (anfechtbar.) Vgl. neuestens DJZ. 1923, S. 181.

sätzlich alle Jahre zu legende V.schaftsrechnung, S. 1840ff., vgl. aber § 1854, den V. gegebenenfalls zur Sicherheitsleistung anzuhalten, § 1844, ev. beim Grundbuchamt Eintragung einer Sicherungshypothek für den Mündel zu beantragen, FGG. § 54. Selbst tätig wird es nur bei Unterbringung des Mündels in einer Familie oder Anstalt oder in Fürsorgeerziehung (§ 1838, RJWG. §§ 62ff.) oder Schutzaufsicht (RJWG. §§ 56ff.) sowie u. U. vor Bestellung oder bei Behinderung des V., wobei es ausnahmsweise sogar dringende Rechtsgeschäfte für den Mündel selbst vornehmen kann. Zur Unterstützung kann es sich des Gemeindewaisenrates bedienen, der zwar noch im BGB. geregelt ist (§§ 1849—1851), dessen Funktionen aber nach § 42 RJWG. auf die Jugendämter übergehen.

VI. Ein erweitertes VG. (§ 1872) ist der Familienrat, §§ 1858—1881, der auf Grund letztwilliger Verfügungen bei Minderjährigen (§ 1858). sonst auf Antrag, §§ 1859, 1905, eingesetzt werden kann; er besteht aus 2—6 Mitgliedern unter Vorsitz des Vormundschaftsrichters; die Mitglieder sind entweder berufen, § 1861, oder ausgewählt, § 1862, wobei sich der V.richter grundsätzlich an die Familie halten soll, § 1867; jedoch können kraft Benennung oder Auswahl auch Nichtfamilienangehörige im Familienrat sitzen, § 1864. Über die Geschäftsführung vgl. §§ 1873ff.

VII. Die V.schaft als solche endigt:

1. kraft Gesetzes:

a) wenn ein Minderjähriger stirbt, für tot erklärt wird (§ 1884 II), volljährig oder für volljährig erklärt wird;

b) wenn er wieder unter elterliche Gewalt tritt, also durch Adoption oder Ehelichkeitserklärung; bei Legitimation endet die V.schaft kraft Gesetzes erst mit der rechtskräftigen Feststellung der Vaterschaft, § 1883 I;

c) durch Wiedererlangung der elterlichen Vollgewalt (§§ 1671, 1677, 1679, 1684);

d) durch Ermittelung des Familienstandes des Mündels im Falle § 1773;

2. kraft Anordnung des VG.:

a) wenn der Tod des verschollenen Mündels bekannt wird, § 1884 I;

b) wenn das VG. die Voraussetzungen der Legitimation für gegeben erachtet, § 1882 II;

c) wenn das VG. eine vorläufige V.schaft nicht mehr für nötig hält, § 1908 III.

VIII. Das Amt des einzelnen V. endigt:

1. kraft Gesetzes durch Tod, Entmündigung, Todeserklärung, § 1885;

2. durch Entlassung, deren nähere Voraussetzungen in §§ 1886—1890 geregelt sind.

Nach Beendigung seines Amtes oder der V.schaft hat der V. das Vermögen dem Mündel oder dessen Erben oder dem neuen gesetzlichen Vertreter herauszugeben und Schlußrechnung zu legen, § 1890; darauf besteht ein privatrechtlicher Anspruch mit Offenbarungseidespflicht, § 259. Gewisse Schutzvorschriften gelten für den V., der die Beendigung seiner Rechtsstellung weder kennt noch kennen muß, und den mit ihm kontrahierenden Geschäftsgegner, § 1893. Endlich hat der V. die Bestallung zurückzugeben, § 1893 II.

Sachverzeichnis.

VERZEICHNIS DER IN DER ENZYKLOPÄDIE ERSCHEINENDEN BEITRÄGE

I. Rechtsphilosophie

1. Rechtsphilosophie	Prof. Dr. Max Ernst Mayer, Frankfurt a. M.

II. Rechtsgeschichte

2. Römische Rechtsgeschichte und System des Römischen Privatrechts	Prof. Dr. Paul Jörs, Wien
3. Römischer Zivilprozeß	Prof. Dr. Leopold Wenger, München
4. Römische Rechtsgeschichte im Mittelalter	Geh. Justizrat Prof. Dr. Emil Seckel, Berlin
5. Deutsche Rechtsgeschichte und Grundzüge des deutschen Privatrechts	Prof. Dr. Hans Planitz, Köln a. Rh.
6. Rechtsentwicklung in Preußen	Prof. Dr. Eberhard Schmidt, Breslau

III. Zivilrecht und Zivilprozeß

7. Bürgerliches Recht: Allgemeiner Teil	Geh. Justizrat Prof. Dr. Andreas v. Tuhr, Zürich
8. Recht der Schuldverhältnisse	Prof. Dr. Heinrich Titze, Berlin
9. Sachenrecht	Prof. Dr. Julius v. Gierke, Halle a. S.
10. Familienrecht	Prof. Dr. Heinrich Mitteis, Köln a. Rh.
11. Erbrecht	Prof. Dr. Julius Binder, Göttingen
12. Handels- und Wechselrecht	Prof. Dr. Karl Heinsheimer, Heidelberg
13. Privatversicherungsrecht	Geh. Hofrat und Geh. Justizrat Prof. Dr. Victor Ehrenberg, Göttingen
14. Urheber- und Erfinderrecht	Geh. Hofrat Prof. Dr. Philipp Allfeld, Erlangen
15. Internationales Privatrecht	Prof. Dr. Karl Neumeyer, München
16. Einwirkungen des Friedensvertrages auf die Privatrechtsverhältnisse	Prof. Dr. Josef Partsch, Berlin
17. Zivilprozeßrecht	Geh. Hofrat Prof. Dr. Ernst Jaeger, Leipzig
18. Konkursrecht	" " " "
19. Freiwillige Gerichtsbarkeit	Prof. Dr. Friedrich Lent, Erlangen

IV. Strafrecht und Strafprozeß

20. Strafrecht	Prof. Dr. Eduard Kohlrausch, Berlin
21. Strafprozeßrecht	Geh. Hofrat Prof. Dr. Karl v. Lilienthal, Heidelberg
22. Kriminalpolitik	Prof. Dr. Ernst Rosenfeld, Münster i. Westf.

GPSR Compliance

The European Union's (EU) General Product Safety Regulation (GPSR) is a set of rules that requires consumer products to be safe and our obligations to ensure this.

If you have any concerns about our products, you can contact us on ProductSafety@springernature.com

In case Publisher is established outside the EU, the EU authorized representative is:

Springer Nature Customer Service Center GmbH
Europaplatz 3
69115 Heidelberg, Germany

Batch number: 10845480

Printed by Printforce, the Netherlands